TRISTAN ET ISEUT

TRISTAN ET ISEUT

PRÉFACE DE MICHEL TOURNIER

*Mise en français moderne, introduction et notes
par Pierre Champion*

PRÉFACE

Un grand mythe, c'est d'abord une image vivante que nous berçons et nourrissons en nous, qui nous éclaire et nous réchauffe. De l'image, il a les contours fixés, semble-t-il, de toute éternité, mais son paradoxe tient dans la force de persuasion qu'il irradie malgré son antiquité. Ainsi Tristan. Ce prénom trop beau et trop grave évoque aussitôt à mon esprit une frêle embarcation sans voile ni gouvernail, une harpe dressée qui tamise le vent à travers ses cordes, et, couché à bord, un jeune garçon cruellement blessé — il porte une plaie mystérieuse et maléfique, inguérissable, qui répand une odeur fétide — abandonné aux remous et courants de la mer d'Irlande. On ne s'étonnera pas de l'absence d'Iseut dans ce frontispice, car sa blessure tient lieu de femme au chevalier sans nom.

C'est qu'en effet amour et blessure sont constamment mêlés dans cette trouble aventure. Déjà, c'est en soignant les blessures de guerre du jeune Rivalen que Blanchefleur conçut Tristan, comme si une goutte de sang — et non de sperme — avait suscité cet enfant dans le sein de sa mère. Au demeurant Blanchefleur et Rivalen sont emportés par la mort à peine a-t-il vu la lumière du jour, et toute sa vie, dès lors, son sang ne cessera de couler, des belles mains le soigneront, ajoutant aux habituels onguents des herbes destinées à combattre l'effet des poisons traîtreusement répandus sur leurs armes par ses adversaires.

Herbes magiques, poisons, filtres... *Tristan et Iseut* est un roman chimique autant qu'une histoire d'amour. C'est aussi l'inutile valeur d'un preux sans peur ni reproche, confrontée à des maléfices de sorcières.

Tristan, triste enfant, triste amant, est voué également à un autre trait qui sent la magie : les origines masquées, le héros qui semble tombé du ciel, les pistes brouillées. Rarement l'orphelin, le bâtard, se présente sous sa véritable identité. Il se cache sous divers déguisements au gré des épisodes : bateleur, chevalier errant, fou, lépreux. Au besoin une drogue — une de plus! — se charge de le rendre méconnaissable en le défigurant. Toutes ces indéterminations, ces mystères, ces « blancs » ménagés autour de lui, n'ont pour but que de laisser le champ libre à la main de fer qui guide son destin. Au cours normal d'une vie ponctuée de décisions volontaires se substitue ici une logique cachée d'une inflexible rigueur. En Irlande, celui qui a tué le Morhoult est trahi par l'ajustement du fragment d'acier trouvé dans le crâne du géant et de la brèche que présente l'épée de Tristan. Ce détail matériel symbolise assez bien la conspiration de tous les personnages et épisodes d'une histoire fatidique dont le hasard est banni. On retrouve le même ajustement-signature dans la langue du dragon tué par Tristan, cependant qu'un imposteur se prévaut d'une tête sans langue pour se prétendre le vainqueur du monstre. Démasqué comme meurtrier du Morhoult alors que tout exsangue encore il prend son bain, Iseut lève sur lui sa propre épée pour venger son oncle. Le lecteur d'aujourd'hui ne peut pas ne pas évoquer alors une scène historique qui fait partie de l'imagerie française : 1793, Charlotte Corday poignardant Marat dans sa baignoire. Quel rapport, dira-t-on? L'image est la même, le motif est également politique. Mais surtout les deux scènes illustrent vivement le thème de l'homme réduit à l'impuissance — couché nu dans l'eau chaude — devant une femme debout et habillée, armée et animée d'une fureur vengeresse.

Or cette passivité de Tristan n'est pas épisodique. D'un bout à l'autre de cette histoire, cet éternel dolent est poussé aux épaules par un destin qui s'incarne généralement dans des femmes, un quatuor de femmes. A elles quatre, elles paraissent épuiser les grands rôles dévolus aux femmes sur la scène et dans le monde. La reine d'Irlande, mère aveugle et catastrophique dans son étroite bonne volonté, ne voit que le bonheur de sa fille et la condamne par le philtre qu'elle prépare derrière son dos à la plus inhumaine des passions. Brangien, c'est la suivante, d'un dévouement sans limites, bonne à tout faire, y compris à être dépucelée par le roi Marc le soir de ses noces aux lieu et place de sa maîtresse. Mais sa servilité sera payée d'ingratitude. Iseut aux blanches mains assume le lourd destin de l'épouse injustement délaissée et bafouée dont la jalousie empoisonne le cœur et qui se venge par traîtrise criminelle.

Quant à l'autre Iseut, elle appartient tout entière à sa passion. Elle marche sans baisser les yeux sur l'honneur du roi Marc, sur la vie de Brangien, sur sa propre sécurité — sans parler de son avenir de reine couronnée —, et même le sort de Tristan paraît peser de peu de poids en face d'une aussi terrible exigence. Les femmes d'aujourd'hui se révoltent assez contre l'image de la femme-objet répandue par nos mass media, précieuse, passive, déshabillée, maquillée, photographiée, vendue en effigie ou en chair et en os. Le mythe de Tristan fait de l'homme un objet aussi, sans cesse ballotté, endommagé et raccommodé par des mains de femme. Nous y reviendrons.

Mais nous voudrions nous attarder auparavant à la figure du roi Marc — première victime d'une aventure qui sera fatale à tous —, à laquelle il est juste de rendre hommage. Le moins qu'on puisse dire, c'est que le rôle que lui assigne la légende n'est ni gai ni facile. Disons-le franchement : d'un certain point de vue, c'est celui de cocu de comédie. Lorsqu'on nous le montre perché dans les branches d'un laurier pour épier, la nuit, un rendez-vous de Tristan et d'Iseut, nous songeons irrésistiblement à Orgon, caché sous une table pour surprendre Tartuffe qui tente de séduire sa femme. Et certes le personnage est classique et classiquement ingrat, mais il est cependant susceptible de toutes sortes de nuances. Nous voudrions en évoquer deux situées aux extrêmes du genre, malgré une analogie évidente.

Dans *Amphitryon*, comédie de Plaute (vers 224 avant J.-C.), le général thébain éponyme se voyait embarqué dans une effarante et hilarante més-aventure, trouvant, retour de guerre, sa maison et son lit occupés par un autre lui-même, son valet Sosie, rossé et terrorisé par un autre Sosie. C'est que Jupiter, amoureux d'Alcmène, avait pour la séduire revêtu l'apparence de son mari Amphi-tryon, secondé par Mercure, déguisé lui-même en Sosie.

Or un peu plus de deux siècles plus tard, un charpentier nazaréen du nom de Joseph devait connaître des doutes torturants au sujet d'une très jeune fille appelée Marie qu'il avait épousée et qui se trouvait enceinte avant que le mariage fût consommé. On ne saurait être plus éloigné d'une farce de tréteaux. Pourtant les deux his-toires coïncident point par point, et il est facile d'apparier Amphitryon et Joseph, Jupiter et le Saint-Esprit, Alcmène et Marie, Mercure et Gabriel, enfin surtout Hercule et Jésus, issus tous deux d'un croisement divino-humain, sauveurs de l'humanité à laquelle ils se sacrifient. Lorsqu'un dieu s'avise de s'insérer dans le tricot des générations humaines, il faut bien qu'il fasse sauter une maille et se substitue plus ou moins adroitement à elle. Amphitryon et Joseph se présentent ainsi comme des prototypes d'un genre fortement ambigu, à la fois bafoués et honorés, ridicules et admirables, puisque maris trompés, mais choisis par Dieu pour servir au salut de l'humanité.

C'est indiscutablement à cette sorte de cocu métaphysique qu'appartient le roi Marc, à ceci près que ce n'est pas un dieu personnel qui s'acharne sur lui, mais la force obscure et anonyme d'un indéchiffrable destin. Sa mésaventure n'est plus justifiée en outre par la naissance d'un sauveur, puisque bien évidemment le couple Tristan-Iseut est condamné à rester stérile, et elle débouche, non sur un avenir régénéré, mais sur la mort pure et simple de tous ses protagonistes. Le roi Marc est sacrifié non au miraculeux bonheur des élus, mais à un processus impersonnel et sans issue. Il y a au fond de cette légende, où la magie remplace la religion, un pessimisme schopenhauerien avant la lettre — auquel Nietzsche et Wagner seront sensibles — qui caractérise une société devenue athée sans pour autant avoir glissé dans le positivisme : l'absolu est toujours là, mais à l'opposé de celui adoré par le merveilleux chrétien, il n'a plus ni voix, ni visage, ni ailes.

En vérité plus on réfléchit sur cette histoire, plus on voit Marc gagner en noblesse et en importance. Car si le mot clef du mythe est le mot *fidélité*, c'est évidemment au premier abord à la fidélité infrangible de Tristan envers Iseut — et réciproquement — que l'on songe. Mais ce lien inhumain serait bien peu intéressant s'il n'était sous-tendu par une autre fidélité qui est celle-là à la fois humaine, double et doublement trahie. Nous voulons parler de celle qui unit les deux amants au roi Marc. Car Marc n'est pas trahi seulement ni même principalement par sa femme. Son malheur est un peu comparable à celui d'Othello qui se croit trahi et qui l'est en effet, mais en réalité dans son amitié pour Iago et non, comme il l'imagine, dans son amour pour Desdémone. La plus amère des deux trahisons subies par Marc, c'est celle qui fait de Tristan — le fils adoptif, le jeune ami tendrement admiré — un ingrat, un félon, un criminel qu'en toute justice il devrait condamner à mort.

Nous ne pouvons manquer ici de rappeler les circonstances dans lesquelles Richard Wagner conçut son opéra *Tristan et Iseut*. Le 16 décembre 1854, il écrivait à Franz Liszt, son plus intime ami : « Puisque la vie m'a refusé le bonheur de l'amour, je veux au moins dresser au plus beau de tous les rêves un monument où ce bonheur trouvera son accomplissement. » Ce monument, ce sera son opéra créé à Munich en 1865. Quant à l'amour auquel il n'a pas droit, c'est celui qu'il nourrit pour Mathilde Wesendonck, et qui ne peut connaître d'accomplissement, parce qu'Otto Wesendonck — le mari —, riche industriel rhénan, est l'ami, le protecteur et le bienfaiteur du compositeur. A toutes les raisons qu'a Wagner pour ne pas lui faire jouer les rois Marc s'ajoute l'habitude à laquelle Mathilde reste fidèle de rendre compte scrupuleusement à son mari de ses relations avec le compositeur. Moins sereine, l'autre épouse — car Tristan-Wagner n'est pas célibataire —, Minna Wagner, fait exploser la situation par ses scènes de jalousie, de telle sorte qu'il faut se disperser : Mathilde ne quittera pas Otto, Minna est envoyée « en cure », et Wagner se retire seul à Venise pour terminer *Tristan*.

Ces circonstances sinistres s'accordent bien avec le pessimisme schopenhauerien dont Wagner est nourri, comme aussi au désespoir proche du nihilisme de la légende bretonne. Tout l'opéra de Wagner retentit d'appels à la mort qui apaise toutes les souffrances et dénoue tous les drames. Nietzsche voyait dans cette passion qui vit sur elle-même une des formes les plus hautes de l'*amor fati* : « Croyez-vous que Tristan et Iseut « nous donnent une leçon *contre* l'adultère par le « fait qu'ils en périssent tous les deux? Ce serait « bien mal comprendre les poètes qui sont — « comme Shakespeare notamment — épris des « passions pour elles-mêmes et au premier chef « de leur pente vers la mort, et de ces cœurs qui « ne tiennent pas plus à la vie que la goutte d'eau « à la surface de la vitre... Mais il n'en résulte « nullement que les poètes prennent parti *contre* « la vie! Bien au contraire, ils nous disent : *cette* « *existence émouvante, incertaine, dangereuse,* « *âpre et souvent embrasée de soleil se situe au* « *sommet de l'exaltation!*[1] »

*
*

A quoi servent Tristan et Iseut? Et après eux, dans le panthéon imaginaire occidental, Faust, Don Juan, Robinson Crusoé, Don Quichotte? Et derrière eux, du fond de la Thèbe antique, Œdipe? Ces héros maudits, ces révoltés qui n'incarnent chacun un aspect de la condition humaine qu'à la façon dont un bouc émissaire se charge d'un péché, qui osera prétendre que, s'ils vivent en nous, c'est pour nous aider à mieux nous intégrer dans le corps social? La passion adultère de Tristan et Iseut, le pacte avec le diable de Faust, le désir ardent et destructeur de Don Juan, la farouche solitude de Robinson, le rêve extravagant de Don Quichotte, autant de façons au contraire de dire *non* à la société, de briser l'ordre social. Il y a dans l'ethnologie, la sociologie et la psychanalyse un biologisme de principe qui voudrait que tous les ressorts de l'homme favorisent son adaptation au corps social. C'est de là que découle directement l'as-

1. Nietzsche : *Aurores*.

pect réducteur de la cure psychanalytique. Il est difficile de faire admettre à des esprits de formation scientifique qu'il puisse y avoir aussi des mécanismes propres à sauvegarder une certaine *inadaptation* de l'individu dans la société. Or s'il est facile de définir l'estomac normal, le foie en bonne santé, le poumon fonctionnant de façon satisfaisante, il n'en va pas de même du comportement ou de l'esprit. L'homme n'est pas l'animal. Il a la faculté de regimber contre son milieu et de le modifier pour le plier à ses exigences, au lieu de se plier lui-même aux siennes. Ainsi la fonction des grandes figures mythologiques n'est sûrement pas de nous soumettre aux « raisons d'Etat » que l'éducation, le pouvoir, la police dressent contre l'individu, mais tout au contraire de nous fournir des armes contre elles. Le mythe n'est pas un rappel à l'ordre, mais bien plutôt un rappel au désordre. La société ne dispose que de trop de contraintes pour niveler les aspirations divergentes de ses membres. Un danger mortel la menace : celui de glisser vers l'organisation massive et figée de la ruche ou de la fourmilière. Ce danger n'est pas théorique. Il est facile de citer dans le passé et dans le présent nombre de nations où un ordre tyrannique a écrasé tout jaillissement créateur individuel. Et il ne faudrait pas croire que cette discipline bestiale se rachète par une efficacité, une productivité supérieure. Les esclaves sont de mauvais travailleurs, le labeur servile se signale par son rendement désastreux, tous ceux qui l'ont utilisé — depuis l'Antiquité jusqu'à l'ère coloniale — le savent d'expérience. L'homme est ainsi constitué que si on lui retire sa faculté de dire non et de s'en aller, il ne fait plus rien de bon. Les grands mythes sont là, croyons-nous, pour l'aider à dire non à une organisation étouffante. Bien loin d'assurer son assujettissement à l'ordre établi, ils le contestent, chacun selon un angle d'attaque qui lui est propre.

Or de toutes les ruptures du contrat social dont la mythologie nous offre le catalogue, celle qu'incarnent Tristan et Iseut est sûrement l'une des plus profondes et des plus paradoxales. Il suffit pour s'en convaincre de comparer ces deux mythes si proches et si diamétralement antithétiques : celui de Tristan et celui de Don Juan. Qu'est-ce que Don Juan? C'est le refus de la soumission du sexe à l'ordre, à tous les ordres, conjugal, social, politique, religieux. Don Juan n'hésite pas pour affirmer sa liberté érotique à accumuler toutes les condamnations sur sa tête. Il sera adultère, parjure, blasphémateur, assassin. La société de son temps — l'Espagne du XVIIe siècle — ne lui laisse pas le choix. Et il va de soi que, de toutes les vertus, la fidélité est celle qu'il bafoue le plus ardemment. Don Juan, c'est la révolte de la liberté contre la fidélité, liberté de l'homme de plaisir contre la fidélité conjugale. Or l'étonnant paradoxe de Tristan et Iseut, c'est de se révolter eux aussi contre la fidélité conjugale. Mais ils le font, non pas au nom de la liberté, mais au nom d'une fidélité plus profonde, plus durable, celle de la passion fatidique.

Liberté, fidélité. Ce que nous allons écrire maintenant risque de faire crier certains tenants d'un féminisme radical. Ce n'est pas un parti pris de notre part — après tout que nous importe? —, c'est une constatation assez générale que nous faisons, et qui tolère toutes les exceptions qu'on voudra. Dans la plupart des cas où la mésentente s'installe entre l'homme et la femme, *il* revendique sa liberté, *elle* invoque la fidélité. A un niveau beaucoup plus modestement prosaïque, l'homme va plus vite, se montre plus pressé que la femme. Dans la recherche et la conquête du plaisir, il a souvent fini, alors qu'elle n'a pas encore commencé. Prendre son plaisir et s'en aller. C'est une idée d'homme, un programme d'homme, que la prostitution réalise, laquelle est un enfer pour la femme, bafouée dans ses plus constantes aspirations. C'est d'ailleurs le rôle du proxénète de répondre à l'incoercible besoin de fidélité de la femme, fût-elle prostituée. Ainsi j'oserai avancer que Don Juan est un mythe d'homme, Tristan un mythe de femme. Tandis que Don Juan domine et bafoue un vaste troupeau de femmes — le fameux « catalogue » récité par Leporello —, Tristan est la proie d'une cohorte féminine qui ne lui laisse aucune chance d'évasion. La reine d'Irlande qui broie le vin d'herbe, Brangien qui le lui fait boire, Iseut la blonde, l'autre Iseut, ces femmes forment autour du preux chevalier — sans cesse blessé, empoisonné, soigné — comme les quatre murs d'une mouvante prison. Les liens du mariage que propose l'ordre social sont trop lâches et incertains pour leur soif de fidélité. Le mariage s'inscrit dans le temps. Il implique la fécondité, les enfants, la fatigue, le vieillissement, d'éventuelles trahisons, un possible divorce. Le philtre écarte d'un coup toutes ces vicissitudes. Le couple qu'il a uni restera stérile, éternellement jeune, voire même peut-être chaste, mais soudé à tout jamais. Ce couple minéralisé, comme s'il sortait de la fontaine pétrifiante de Saint-Allyre, c'est assurément un beau rêve. Mais un rêve de femme. Pour l'homme, c'est un cauchemar. Contre Tristan, l'amant venu du nord, dolent et pesant, il en appellera au vif et gai Don Juan, l'amant venu du sud, l'épée à la main, toujours prêt à enjamber pour fuir le corps de la femme qu'il vient de posséder ou celui du mari qu'il a tué.

Notre cœur et notre chair n'ont pas fini d'invoquer dans leurs incertitudes ces deux figures également persuasives, l'une par sa stabilité marmoréenne et lunaire, l'autre par sa vibration pétillante et solaire.

Michel TOURNIER

INTRODUCTION

Comme elle semble venir de loin la légende de Tristan, du fond des âges! Elle apparaît touffue comme la forêt; insaisissable à l'égal des nues qui montent des fjords de Norvège, descendent sur les côtes d'Angleterre pour se fondre sur les rochers de notre Bretagne.

On imagine que la légende aura suivi le chemin des barques et des écumeurs de la mer; qu'avant d'être recueillie par les trouvères anglo-normands, l'histoire de Tristan et d'Iseut a été contée par les marins. Elle semble, en effet, conserver le souvenir des combats livrés dans les îles, et certaines croyances aux pratiques de la magie[1].

Mais tout ceci n'est qu'hypothèse, et ne repose que sur l'onomastique des noms des héros : Tristan[2], Marc[3], Brangien[4], Rivalin[5], et le théâtre de l'action : Bretagne[6], Irlande, Cornouailles[7], Tintagel[8] où est né le roi Arthur, Lantien[9].

Mais il convient de partir non pas du rêve, mais du réel.

❖

Le conte de Tristan et d'Iseut est en vérité, l'un des plus anciens récits d'amour écrits en français.

Il est sorti, comme nous le connaissons, de l'imagination d'un trouvère, au temps où la

« matière de Bretagne » s'imposa dans sa nouveauté, à l'immense domaine anglo-normand[10],
s'exprimant tout entier au XIIe siècle, en français.
C'est le cas de la légende arthurienne. Marie de
France, comme Chrétien de Troyes, aurait pu l'in-
venter, avec ses péripéties, ses épisodes romanes-
ques, suivant une esthétique qui se rapporte à
leurs théories d'amour. Mais le conte est anté-
rieur[11].

Et tout y apparaît si cohérent, répondant si
bien aux lois de la surprise dans les aventures,
conforme à la psychologie amoureuse d'alors,
qu'il s'agit bien ici de la mise en œuvre d'un
auteur, et non pas d'une création légendaire col-
lective.

Cette création littéraire a été fort célèbre.
Marie de France et Chrétien de Troyes y ont fait
allusion[12].

Le « conte » de Tristan, nous ne le connaissons
plus, en français, qu'à travers les fragments de
poèmes du XIIe siècle, dont les rédactions les plus
célèbres sont représentées par les vers de Thomas
et de Béroul.

Thomas était un trouvère anglo-normand qui a
composé, entre 1155 et 1170, et dont la langue
seulement révèle qu'il était Normand[13].

Béroul[14] fut un Normand, lui aussi, qui écrivait
vers la fin du XIIe siècle, mais qui pourrait avoir
été un Normand voisin de la Picardie, à s'en tenir
du moins à la langue du ms. fr. 2171.

Le plus ancien poème est celui de Thomas, la
source, on le verra de toutes les versions qui ont
été données en langue étrangère (Eilhart
d'Obert[15], vers 1200, Gottfried de Strasbourg[16], Sir
Tristan[17]. *La folie Tristan*[18] qui paraît si originale
contient des allusions au *Tristan* de Thomas, et à
cette version se réfère encore le conteur italien de
la *Tavola Ritonda*[19].

Les 3144 vers de Thomas[20] suffisent à nous
montrer qu'il était le type même du conteur élé-

garit, mondain, précieux, qu'il écrivait pour un public raffiné à qui les discours, les débats psychologiques plaisaient. Il a « écrit » son poème; il l'a lu sans doute; mais il ne l'a ni récité, ni chanté.

C'est une œuvre savante et noble qu'inspirèrent Virgile[21] et Ovide, Geoffroy de Monmouth et Wace. Thomas aimait le luxe, le beau, le précieux, se montrait sensible à l'art.

Gaston Paris l'a nommé parfois Thomas l'Anglais. C'est vrai qu'il a fait l'éloge de l'excellence, de la courtoisie, de la franchise de ce « noble peuple », riche en chevaliers et en châteaux, pays où l'on trouvait de vastes chasses (Tristan chasseur est développé à l'infini), des métaux, des fourrures. De Londres, Thomas a laissé un éloge qui semble aussi senti qu'intéressé :

> *Lundres est mult riche cité*
> *Meliur n'ad en cristienté,*
> *Plus vaillante ne melz preisiee,*
> *Melz guarnie de gent aisiee..*

Un clerc? Peut-être.

Les 4485 vers du *Tristan* de Béroul nous montrent une œuvre de jongleur, avec une prédilection pour cette technique qui présuppose l'auditoire qu'on interroge, qu'on soutient par le geste et la mimique[22]. Petits vers charmants, vivants, qui sautent agilement comme des êtres animés, dont le mouvement ravissant demeure entraînant. Ils laissent loin de nous les choses savantes de Thomas.

Ces deux poèmes, si différents on le voit dans leur esprit, seraient insuffisants, pour donner idée du cycle des aventures de Tristan.

Heureusement, une traduction en prose danoise, que nous croyons complète pour l'œuvre de Thomas, a été faite en 1226 sur l'ordre du roi de Danemark Haakon V (1217-1269), grand amateur de chansons françaises, par frère Robert[23].

C'est l'antique *Saga*[24] qui nous est parvenue plus complète, bien que le religieux Robert taillât et coupât avec fantaisie, semble-t-il.

Faut-il nous étonner de retrouver en Danemark l'écho de la chanson française du domaine anglo-normand? Non pas.

Il était arrivé, dans ce magnifique XII⁰ siècle, que la « doulce France » devînt le commun trésor des hommes, anglais, italiens et allemands. On parlait le français hors de chez nous, on l'écrivait; on portait des vêtements à la mode française. Le nouvel art de construire fut l'*opus francigenum*, l'art français.

C'est Guillaume de Sens qui a édifié en effet la cathédrale de Canterbury (1175-1178) sur le modèle de celle de Sens; un autre Français avait élevé celle de Lincoln sur un modèle commencé à Blois (1138). L'Allemagne et la France échangeaient leurs constructeurs. Notre Villard de Honnecourt devait aller jusqu'en Hongrie où il éleva une cathédrale. Mathieu d'Arras et Pierre de Boulogne édifiaient celle de Prague. Pierre Arler, de Boulogne-sur-Mer, construisit celle d'Ulm, et Etienne de Bonneuil, en Suède, montera celle d'Upsala (1287).

Ces faits sont trop connus pour être rappelés[25].

Ils expliquent pourquoi le roi Haakon avait demandé à frère Robert de traduire le conte français.

On aurait pu le lui rapporter de la sorte.

⁂

En ce temps-là, un roi puissant, nommé Marc régnait sur la Cornouailles. Blanchefleur, sa femme, mourut, en mettant au monde un fils; c'est pourquoi l'enfant, né sous le signe de la tristesse, reçut le nom de Tristan.

Son maître, Gouvernal, avait fait son éducation. Ensemble ils partirent pour chercher aventure sur la terre étrangère où Tristan, le jeune et parfait chevalier, servira le roi Marc. Il avait délivré la terre du roi de l'antique tribut de cent jouvenceaux et de cent jeunes filles, qui pesait sur l'Irlande, et que levait un chevalier d'une taille gigantesque, le Morhoult. Le géant est mis à mort par le jeune preux. Mais Tristan a été touché par un fer envenimé. Il s'embarque avec son compagnon, joue de la harpe sur la mer, et il est recueilli par le roi d'Irlande. Ici encore avait combattu Tristan qui tua le dragon. Une fois de plus, il est blessé. Mais la belle Iseut, Iseut la Blonde, va le sauver grâce à sa connaissance de la médecine. Elle était cependant la nièce de Morhoult que le preux avait tué. C'est cette Iseut que Tristan devait ramener au roi Marc pour femme. Or la reine d'Irlande, mère d'Iseut, avait préparé un breuvage puissant, ou philtre d'amour, destiné au roi et à son épouse. Il arriva sur le navire que Tristan eut soif; il demanda une boisson à Brangien, la servante d'Iseut; et par erreur Brangien donna le philtre à Tristan qui le passa à Iseut. Tous deux étaient dès lors condamnés à s'aimer pour la vie.

Il n'était pas aisé de dissimuler les effets du breuvage amoureux. Brangien voulut bien se substituer à Iseut auprès de Marc, le soir des épousailles. Et les « serfs »[26] devront aller dans la forêt perdre Brangien, puisqu'elle sait le secret des amants. Eux aussi, dans la forêt, ils se retrouveront, ils se rejoindront jusque dans la chambre du roi Marc, les malheureux, en dépit de tous les autres pièges qui leur sont tendus!

Ils s'étaient cependant éloignés l'un de l'autre. Mais la folie d'amour devait ramener un jour Tristan auprès d'Iseut. Il a pris l'apparence d'un fou. Mais la reine l'a bien reconnu, malgré son déguisement et sa simulation.

Une fois de plus Tristan s'est éloigné. Il a regagné sa Bretagne à Carhaix, où il devait épouser une autre Iseut, celle que l'on dit aux Blanches

Mains. Il souffre d'une nouvelle blessure. Son mal empire, et il sent qu'il va mourir. Le preux Tristan s'est tourné une fois de plus vers Iseut la Blonde, la seule femme qui pourrait guérir sa blessure. Et il attend sur la grève la venue du navire qui doit lui amener l'amour et la guérison.

Les amants, en dépit d'eux-mêmes, avaient convenu d'un signe de reconnaissance : la voile blanche signifierait la présence sur la nef d'Iseut la Blonde.

Mais l'épouse de Tristan, la jalouse Iseut aux Blanches Mains, allait se venger. Elle avait placé sur le rivage, pour faire le guet, une enfant qui devait signaler l'approche du navire. Elle rapporta que le navire s'avançait avec une voile noire. Alors Tristan comprit qu'Iseut la Blonde n'était pas sur la nef. Il se laissa retomber sur sa couche et mourut.

Et quand Iseut débarqua, elle entendit les cloches sonner un glas. C'était celui de Tristan qui venait de mourir. Iseut s'étendit près de lui et mourut à son tour.

Cette nouvelle fut portée au roi Marc. Mais le sortilège du philtre lui fut aussi révélé. Sa femme et son neveu étaient donc morts innocents. Marc fit alors transporter les deux cercueils à Tintagel; on enterra les deux amants l'un près de l'autre dans une église.

Miracle de l'amour : deux ronces jaillirent de leurs tombes, entrecroisant leurs rameaux. Et quand on les coupait, elles repoussaient plus vivaces.

Nous avons dit ce qu'était la *Saga*, c'est-à-dire la traduction faite en norrois du poème sans doute complet de Thomas dans le premier tiers du XIIIe siècle.

D'après ce document, M. Joseph Bédier[27] a reconnu les épisodes suivants comme appartenant à l'œuvre primitive :

18. Brangien ou la servante substituée à Iseut la première nuit de noces.
19. La harpe et la rote[29] — Un baron d'Irlande a réussi à enlever Iseut grâce à son talent sur la harpe; elle est reconquise sur la rote par Tristan.
20. Mariadoc — Un sénéchal du roi Marc, traître qui par envie surveille Tristan — Le songe du sanglier qui souille le lit de Marc.
21. Ruse contre ruse — Les fausses confidences d'Iseut.
22. Le nain qui épie les amants — Episode du ruisseau qui porte les copeaux, signe du rendez-vous convenu.
23. Le rendez-vous surpris — Episode de la fontaine et du pin où le roi Marc s'est caché — L'espion et le roi Marc demeurent déçus.
24. Le fer rouge, épreuve dont Iseut triomphe — Episode de la farine répandue par le nain entre les deux lits; Tristan bondit sur le lit de la reine sans que ses pieds touchent terre.
25. Petit Crû, le chien enchanté de Tristan. Ce chien est originaire d'Avalon, le pays des fées, et son grelot calme les chagrins.
26. Le bannissement — Marc chasse Tristan et Iseut de sa cour.
27. La vie dans la forêt — Episode de la caverne. Hudent, chien de Tristan, apprend à chasser à la muette, sans aboyer.
28. Les amants découverts et absous — Le roi Marc les découvre durant une chasse. Ils dormaient étendus l'un près de l'autre, mais l'épée était entre eux. Le roi met son gant sur la joue d'Iseut pour la protéger de la morsure du soleil.
29. Le verger — Episode du flagran délit.
30. Iseut aux Blanches Mains. Retour de Tristan en Bretagne après de nombreuses aventures au service de l'empereur de Rome, et en Espagne. Il combat et lie amitié avec Kaherdin, fils

du vieux duc de Bretagne, qui lui fait épouser sa sœur, Iseut aux Blanches Mains. Mais c'est toujours l'autre qu'il célébrait dans ses chants.

31. Mariage de Tristan avec Iseut aux Blanches Mains qui n'est pas consommé.

32-33. La chasse dans la forêt de haute futaie où Tristan rencontre le géant Moldagog, celui qui avait tué le roi Arthur. Tristan le soumet, lui coupe un bras et une jambe. Le géant lui fait visiter son repaire qui ressemble au Mont-Saint-Michel. Dans une île voisine, Tristan fait édifier de bois la merveilleuse salle aux images. C'est là qu'il placera l'image vivante d'Iseut, tenant un anneau, et celle de Brangien tendant le « boire »; le lion de cuivre enroulant sa queue autour du mauvais conseiller Mériadoc. Le plaisir de Tristan est de baiser la statue d'Iseut et de la prendre dans ses bras, de vivre près d'elle, tandis qu'il n'a nul commerce avec Iseut aux Blanches Mains.

34. Kaherdin, frère d'Iseut aux Blanches Mains, est furieux de la conduite de Tristan, qui a méprisé sa sœur restée vierge. Ils vont ensemble regarder l'image d'Iseut et Kaherdin jure qu'il deviendra l'ami de Brangien. Tous, ils partent en Angleterre comme des pèlerins.

35. Le cortège de la reine — Sur leur chemin passe la suite magnifique et féerique d'Iseut la Blonde, et dans le même char apparaissent Iseut et Brangien.

36. Cariado — Tel était le nom du rival de Tristan. Kaherdin émerveillé convient que la reine est plus belle que toutes les femmes vivantes, et que Brangien est plus belle que sa sœur Iseut aux Blanches Mains. Tristan confie à Kaherdin son anneau, lui demande de descendre de leur arbre et d'aller le présenter à Iseut. Ils devaient retrouver leurs

amis dans un château voisin, lorsque Cariado les découvrit; et ils doivent prendre la fuite.

37. Fin du poème rapportant la dénonciation au roi Marc de Cariado par Brangien — La folie de Tristan déguisé en lépreux, agitant ses cliquettes. La présentation de l'anneau par Kaherdin, la description de Londres, le voyage d'Iseut vers la Bretagne, la maladie de Tristan, sa mort en voyant la voile noire.

Telle est la vieille histoire, chargée de chevalerie et d'amour, que Thomas rima sur la terre normande ou en Angleterre au XIIe siècle.

Elle a plu infiniment aux hommes aventureux de ce temps. Elle parlait d'amour, de combats et de chasse. Elle descendit de la cour à la place publique. Et des nations la répétèrent à l'envi, les hommes du Nord comme ceux du Midi, les Anglais comme les Italiens et les Allemands. Elle fut, avec le *Lancelot* de Chrétien de Troyes, le type même du roman d'amour.

Puis la belle histoire tomba dans la vie, du vers et du chant dans la prose. Tristan devint un nom à la mode que l'on porta comme celui de François, qui incarna aussi un type de la chevalerie : François le jongleur de Dieu et l'amant de la Pauvreté. Saint Louis le donna à un de ses enfants[30], Jean, qui naquit à Damiette en 1250.

Scène qui m'a toujours paru, comme la rapporte si simplement Joinville, d'une incomparable beauté, digne en tout point de l'invention du roman.

Car lorsque la reine eut accouché de ce Jean, qui reçut le nom de Tristan « pour la grande douleur où il naquit », les Sarrasins assiégaient Damiette. Et le lendemain de la naissance de l'enfant, la mère avait mandé devant son lit les gens des communes de Pise et de Gênes. Ils voulaient rendre la ville aux Sarrasins, car il y avait disette. Et lorsque la chambre fut pleine, la reine leur dit : « Seigneurs, pour l'amour de Dieu ne laissez pas cette ville, car vous voyez que monseigneur le roi serait perdu avec tous ceux qui sont pris, si elle était perdue. Et s'il ne vous plaît, du moins que pitié vous prenne de cette chétive créature qui est ici gisante, et attendez jusques à tant que je sois relevée ».

Ainsi la reine de France faisait, en vain d'ailleurs, appel à leur chevalerie, au nom du petit enfant, du petit Tristan.

⁂

Le conte en vers était devenu un roman, un récit en prose dans ce même temps, mais assez vivant, on vient de le voir, et de quelle réalité!

Comme la mémoire des hommes a toujours cherché à réunir les choses analogues, on trouva même l'histoire si belle qu'on la souda à l'aventure du roi Arthur. Tristan prit place à ses côtés à la célèbre Table Ronde[31]. Mais Tristan demeura le type du chevalier de chez nous.

Car à travers le vieux roman déjà, on voit le souci de tracer le type idéal du chevalier et le modèle de la courtoisie. Il a par là une valeur éducative d'exemple, comme d'autres romans d'ailleurs.

Tristan sera le type de l'enfant formé par un sage maître. Car il a appris les lettres, qu'il connut mieux qu'un autre. Il a su les sept arts[32], et parlé plusieurs langues. Il a étudié les sept branches de la musique, et nul ne sera meilleur musicien que lui. Tristan saura chevaucher, portant l'écu et la lance, éperonner les deux flancs du destrier[33], le faire sauter hardiment, volter, galoper, le frein abandonné, et à le presser des genoux. Il apprit à bien escrimer[34], à lutter vaillamment[35], à courir, à sauter, à lancer l'épieu[36], à « berser », c'est-à-dire tirer à l'arc, et enfin à chasser.

C'est tout le programme de l'éducation du gentilhomme français, que l'on retrouvera exposé chez Rabelais, et qui sera pratiqué encore à la cour de Catherine de Médicis. Charles IX a eu exactement la même éducation. Comme Tristan, il sonnait du cor à s'en rendre malade [37], et il était devenu, comme lui, le plus habile des veneurs [38]. Et Tristan aura la science la plus incroyable de la curée, pour dépouiller la bête [39], l'ouvrir, la présenter, etc. Ce qui ne l'empêchait pas de croître en noblesse de cœur, largesse [40], courtoisie, subtilité de l'esprit, beau maintien. Tristan savait aussi élever des oiseaux, siffler comme eux, jouer aux échecs. La langue du chasseur n'avait surtout pas de secrets pour lui. Mais quel musicien, soit qu'il cornât, ou qu'il jouât de la harpe! C'était le secret de sa Bretagne (Tristan l'Erminois, le Breton, comme il est nommé parfois). Tristan savait saisir la harpe, et l'accorder. Dans sa tête étaient les lais de son pays de Bretagne. Et tous l'admiraient, lui réclamant encore des mélodies. Car son répertoire de chansons paraissait infini. On le nommait aussi le Chevalier à la Harpe, et à table, il la gardait pendue à son cou. Mais à la table du roi, il savait aussi servir. Et ses armures étaient bonnes et belles, faites d'argent pur et d'or fin, ornées de pierres de grand prix. Tristan portait des éperons d'or pur, et il avait reçu du roi Marc, avec la colée (l'accolade), le coup sur la nuque, son épée et la loi de la chevalerie qui était de se venger sur l'heure. Le destrier de Tristan était couvert d'une housse rouge où des figures de lion étaient tissées en fils d'or. Sur son écu, on voyait peinte l'image du sanglier. Il s'avançait toujours suivi de damoiseaux, mais surtout d'un ami, son fidèle Gouvernal, de Mariadec, le sénéchal du roi Marc, son compagnon, et plus tard de son charmant beau-frère, Kaherdin. Mais Tristan a eu aussi pour compagnon son cheval et son autre fidèle inséparable, le chien Hudent, à qui il enseignait dans la forêt à chasser sans aboyer (à l'arrêt), et Petit Crû, le petit chien au grelot qui console de toutes les peines, digne de la cage d'or que lui donna Iseut, présent lui-même des fées d'Avalon, en vérité le plus beau des petits chiens.

On voudrait dire, observer ici, les premiers gestes de l'amour, qui n'ont rien à voir avec les émois romantiques que nous fit partager Richard Wagner par le nouveau philtre de sa musique.

C'est par des *concetti* que les amants préludent :

« L'amer est mon tourment; c'est l'amer qui m'oppresse l'âme, la mer qui me fait mal » — vieux jeux de mots qui avaient déjà réjoui les latins[41].

La scène des aveux n'est plus connue que par Gottfried de Strasbourg.

Les femmes se tiennent sous la tente du pont, et Iseut pleure en quittant son pays. Tristan vient pour la consoler, autant de fois qu'il le pouvait. Et il la prenait entre ses bras, très doucement, et toujours avec le respect qu'un vassal doit à sa dame : car il n'avait d'autre vouloir que la réconforter.

Mais, aussi souvent que Tristan l'entourait de son bras, la belle Iseut songeait à la mort de son oncle; et elle lui répondait, dans sa colère : « Laissez, maître[42], éloignez-vous, retirez votre bras, que vous êtes importun! pourquoi me toucher ainsi ». Car elle ne peut que le haïr.

Et Tristan de lui répondre qu'elle trouvera sur la terre étrangère plus de joie, la belle vie, la vertu et l'honneur... Les nefs couraient vers leur but. Iseut et ses femmes souffrent du mal de mer. On atterrit. Les passagers descendent pour se divertir. Tristan vient, une fois de plus, pour saluer et visiter sa dame. Ils sont assis côte à côte, devisant. Tristan demande à boire. Les petites jeunes filles lui donnent par mégarde le « vin herbé », le breuvage qui n'était pas du vin, mais la douleur sans fin dont ils devaient mourir. Tristan a tendu ce hanap à Iseut.

Alors, l'amour, ce « veneur » des cœurs, s'était glissé dans leur cœur. Ils ne furent plus qu'un cœur. Ils étaient liés dans l'amour et dans la douleur.

Tristan recule, se souvenant de sa foi et de son honneur. En vain! il voulait et ne voulait pas. Mais il ne trouvait qu'Iseut, et l'Amour, son maître. Et pareillement Iseut parut prise au même piège à glu de l'enchanteur Amour.

Les nefs avaient repris la mer. Le visage des amants passait tour à tour du pâle au rose, suivant que l'amour le colorait. Ce fut par les longs circuits de la conversation qu'ils se rapprochèrent. Iseut se pencha et s'appuya du coude sur lui : telle fut sa première hardiesse. Et ses yeux se remplirent de larmes dissimulées. Ses douces lèvres frémirent. Elle inclina la tête. Et son ami l'entoura de ses bras, sans trop la presser pourtant, comme un étranger pourrait se le permettre.

Aimer est le mot de leur seigneur à tous les deux, qu'ils n'osent prononcer : « Dame de mon cœur », dit Tristan; « chère Iseut, vous seule et l'amour m'avez bouleversé et avez pris mes sens. Me voici sorti de la route, et si bien égaré que jamais plus je ne la retrouverai. Tout ce que mes yeux voient m'est à déplaisir, me pèse, me semble sans prix. Dans tout le monde, rien n'est cher à mon cœur, vous seule exceptée ». Iseut dit : « Seigneur, tel êtes-vous pour moi ».

C'est aussi à Gottfried que l'on doit la merveilleuse description de la grotte de la forêt où les amants s'aimèrent. Il l'avait visitée, à ce qu'il dit, reconnue et éprouvée. « Je connais bien, dit le sensible minensinger, la grotte d'amour, car j'y fus. Moi aussi, j'ai poursuivi l'oiseau et la bête fauve, le cerf et maint gibier, à travers maintes forêts; mais je n'ai fait que tromper les heures, et jamais je n'ai vu la curée; mon effort et ma peine s'en sont allés a vau-l'eau. J'ai trouvé le loquet d'or de la porte, et j'en ai vu la poignée. Je me suis approché du lit de cristal; j'ai tourné autour dans tous les sens, mais jamais je ne m'y suis reposé; et, pour dur que soit le dallage de marbre, je l'ai tant foulé que si, par vertu merveilleuse, sa verte couleur ne se renouvelait sans cesse, on y verrait les traces de mes pas, les vraies traces de l'amour. J'ai aussi promené mes regards sur les parois lumineuses, et je les ai élevés sur la voûte, vers la couronne constellée de pierres précieuses qui la ferme. Les petites fenêtres baignées de soleil m'ont souvent dardé leurs rayons au cœur; j'ai connu la fossure[43] dès ma onzième année. Et pourtant je ne suis jamais allé à Cornouailles[44]! »

Ce n'était cependant qu'une grotte où un bel arbre avait poussé. Son ombre s'étendait au loin, protégeant les amants contre l'éclat du soleil. Auprès jaillissait une source d'eau salutaire, et tout autour croissaient les plus belles plantes fleuries. Mais telle était la douceur de ces plantes que les ondes du ruisseau semblaient mêlées de miel. Le froid retenait les amants dans la grotte. Au retour du beau temps, ils allaient se divertir aux bords de la source, ou chassaient dans la forêt pour trouver leur nourriture. Et ces occupations les maintenaient en joie — « car ils avaient, nuit et jour, leur joie et leur repos ».

Grande pudeur, quand les amants seront découverts dans la forêt, épiés. Ils étaient couchés pour se reposer à cause de la chaleur, et dormaient séparés l'un de l'autre par l'épée.

Le baiser, on l'observera surtout quand les amants se sépareront, en soupirant, dans les larmes.

La réalité de l'amour demeurera au mari, le roi Marc. C'est lui qui a le corps d'Iseut et en fait son bien quand il veut. Et la nuit venue, quand la reine viendra pour dormir près de son seigneur, elle le prendra dans ses bras, l'accolera, le baisera, le pressera contre son sein, le flattera pour le reconquérir.

De même, la description (combien insolite d'ailleurs) de l'amour sera donnée par l'Iseut aux Blanches Mains, la jolie sœur de Kaherdin.

Ici Tristan se troublera, mais seulement à propos de son nom et de sa beauté, et parce qu'elle ressemblait à l'autre.

Voici le lit prêt pour le jour des noces. Les servantes ont fait coucher Iseut aux Blanches Mains. A Tristan, on a retiré son « bliaut »[45]. Mais regardant l'anneau que l'autre Iseut lui avait donné au jardin, Tristan soupire et raisonne, interminablement suivant Thomas, en cette bizarre situation. Puis Tristan se couche; et Iseut l'embrasse, lui baise la bouche et les joues. Elle le pressera contre elle, soupirera de cœur, voulant ce qu'il ne désirait pas. Car sa volonté est au contraire de laisser son bien et de le faire : « Le grand amour de Tristan pour Iseut la reine lui avait ravi le goût de consentir au vœu de la nature. Et il triomphe de cette concupiscence qu'il avait conçue sans amour. »

Tout est de cette subtilité...

Après les fatigues de la chasse, on verra Tristan venir se coucher auprès de sa femme, mais pour songer à maintes choses. Et il restait couché sans dormir. On l'observera montrant plus de passion à la statue d'Iseut, dans la salle aux images : car chaque fois qu'il la revoyait sous la forme de la statue, il la baisait, la pressait entre ses bras, comme si elle vivait.

Mais jamais Tristan n'avait touché son amie et « joué le jeu d'amour » dans le lit où elle couchait alors nue comme chacun. Tout au plus, lui donnait-il un baiser; et rarement, au moment de se coucher. Ainsi Iseut aux Blanches Mains était comme une pucelle qui aurait la vie la plus innocente. Elle restera vierge.

C'est en prononçant les mots « amie Iseut » que Tristan, malade, rendra l'âme sur son lit. « Ami. ami », s'exclamera Iseut, le voyant mort. Arrivée à temps, elle eût pu le guérir, échangeant leurs souvenirs d'amour, peine et douleur. Et elle l'eût baisé et pris dans ses bras. Mais Iseut n'ayant pu guérir Tristan, il devaient mourir ensemble.

> *Embrace le e si s'estent,*
> *Baise li la buche e la face*
> *Et molt estreit a li l'embrace,*
> *Cors à cors, buche à buche estent,*
> *Sun espirit a intant rent,*
> *Et murt dejuste lui issi*
> *Pur la dolur de sun ami.*
> *Tristans murut pur sun desir,*
> *Ysolt, qu'a tens n'y pout venir.*
> *Tristans murut par sue amur,*
> *Et la bel Ysolt par tendrur...*

(Elle le prit dans ses bras et s'étendit à son côté, lui baisant la bouche et la face. Et bien fort le serra contre elle, corps à corps, et bouche à bouche, et trépasse en ce même instant. Ainsi mourut Iseut pour la douleur qu'elle avait de la perte de son ami. Tristan, lui, était mort de son désir. Iseut, de n'avoir pu arriver à temps auprès de lui. Car Tristan mourut de son amour, et la belle Iseut de sa tendresse.)

⁂

Ce n'est pas sous cette forme raffinée, virgilienne[46] à certains égards, que nous avons recueilli le conte de Tristan. C'est sous une forme beaucoup moins littéraire, plus humble, dépouillée de certains de ses développements, la version en prose.

Nous avons cherché à la rendre avec simplicité,

alors qu'elle était devenue plus un conte qu'un récit poétique.

La trouvaille qui paraît si romanesque du philtre, breuvage fatal, boisson d'amour, est d'ailleurs un vieux moyen, et nous dirons, irrespectueusement, une recette. Une partie du romanesque antique est consacrée aux philtres, à la sorcière, à la Médée, aux pratiques de la magie d'amour. Car le *lovedrinc*[47] avait déjà beaucoup servi, et servira au très habile Chrétien de Troyes[48].

Mais il nous faut oublier beaucoup de choses en écrivant de Tristan.

Il faut oublier le sortilège de Richard Wagner, et aussi le chef-d'œuvre qu'est là restitution de Joseph Bédier[49].

Car à la suite de bons trouvères, de Béroul, de Thomas, d'Eilhart, et de maître Gottfried (c'est cette dernière version que Wagner avait lue avec ravissement en 1854), il a conté, à son tour, la belle histoire d'amour, comme s'il s'adressait à ceux qui aiment.

Mais il s'agit d'une restauration à sa manière avec ce qu'elle comporte d'hypothèses et de composition, quant à l'emploi des fragments. C'est bien d'ailleurs ce qui en fait le charme et le prix et a mis le livre et la version de M. Joseph Bédier à la place d'élection, chez tous.

Notre époque ne restaure plus, au sens que l'on donnait autrefois à ce mot, et comme l'entendait Viollet-le-Duc. Elle protege et consolide les monuments. Il est vrai que M. Joseph Bédier, en restaurant, a su créer.

Il s'est rendu le contemporain de Thomas et de Béroul, parlant comme s'il était à la cour d'Aliénor d'Aquitaine.

Mon dessein est infiniment plus modeste. J'avais regardé les images plus frustes de ce temps.

Et pour le bel artiste, Gabriel Daragnès, mon

ami, qui m'avait demandé ce texte, j'avais découpé un Tristan dans la version en prose du ms. fr. 103, celle dans laquelle M. Joseph Bédier a toujours reconnu un dérivé, des plus directs, de la version de Thomas[50].

Elle date sous cette forme du XVe siècle[51].

C'est un bien beau volume, de format in-folio, écrit à deux colonnes, de 383 feuillets de vélin, orné d'une de ces agréables miniatures qui montrent les choses avec simplicité et dans la vérité contemporaine.

On y voit les trois terres : Irlande où est la cour du roi, Cornouailles, la Bretagne. Entre ces terres, deux nefs. Dans la grande nef, Tristan et Iseut qui viennent de boire à la même coupe, dans la petite à la voile noire, les religieux qui ramènent les cercueils des deux amants.

Tristan porte le haut chapeau en honneur à la cour de Louis XI et Iseut le long hennin en pain de sucre, et la « ferrure » qui servait de corset au temps de Marie de Clèves.

Cet exemplaire est un livre royal au surplus. Car il vient de la bibliothèque de Blois[52]. Il m'a plu que ce Tristan français ait appartenu à celui qui, bien plus tard, a retenu le renom de Père du Peuple pour l'avoir en vérité ménagé dans ses impôts.

Mais Louis XII a été aussi le roi de France le plus chevaleresque du monde. Il connaîtra beaucoup plus d'aventures que François Ier lui-même. Sa vie est un roman d'aventures et d'amour. Dans la guerre folle de sa jeunesse, il a combattu pour la justice féodale, fut fait prisonnier à Saint-Aubin-du-Cormier (1448), conduit à la conquête de l'Italie, par Charles VIII comme en pénitence. Il y devait revenir deux fois pour soumettre Milan puis Naples. Il a épousé la Bretagne avec cette Anne qui donna le premier ton de cour à la maison de France; c'est si l'on veut son Iseut aux Blanches Mains. Il a bataillé contre l'Europe entière avec Bayard, un autre chevalier. Et le roi Louis XII est mort de l'amour d'une trop jolie femme, l'Anglaise, la belle Marie. Mais ici il avait opposé cinquante-deux ans d'âge à seize printemps!

♣♣♣

Cette version française, reproduite indéfiniment et remaniée depuis qu'un clerc de chez nous la mit en prose, au temps de Saint Louis, est d'ailleurs fort instructive[53].

Le roman en prose, du temps de Saint Louis, est bien ce que les lecteurs demandaient. Les manuscrits en sont nombreux, alors que les versions poétiques demeurent infiniment rares et fragmentées[54]. C'est donc qu'on ne chantait plus aux accords de la *rote*; les trouvères ne récitaient plus devant le public de la cour ou de la place publique les amours de Tristan. Les versions de Thomas et de Béroul étaient encore de ces compositions qui supposent un auditoire, et elles étaient faites pour lui.

Mais au temps de Saint Louis, on lisait *Tristan*. C'était un livre, ce n'était plus un récit épique; comme ce *Lancelot*, le dangereux livre d'amour, dont Dante a écrit pour Francesca da Rimini :

Galeotto fu il libro e lo qui scrisse.

Il fut sans doute le livre à la mode, comme l'attestent aussi bien le nom de Tristan donné par Saint Louis à l'enfant qui naquit dans le malheur, et aussi ce miroir d'ivoire d'une élégante de ce temps, dans lequel on voit le roi Marc épier les amants.

Tristan en prose fut le grand succès de cette époque. L'« histoire » ou le « conte », comme dit le remanieur.

Mais en rapportant la légende en prose de Tristan, l'auteur ne s'est pas privé d'y ajouter d'autres récits de courtoisie, de chevalerie, de féerie.

C'est toujours le même mouvement qui poussait les vieux trouvères (et parfois j'ai envie d'écrire trouveurs) à agglomérer, à réunir, à unifier, à accorder les récits dont ils avaient la tradition, et où les érudits ont vu des lignages. Leurs recueils ne sont peut-être simplement que des collections, avec les secrets de leur métier, suivant la tendance de notre esprit à réunir les choses et à les assimiler. Et peut être aussi avec le dessein de parer la marchandise, d'en donner toujours plus pour le même prix au client.

On excusera ici ces formules de la vie quotidienne. C'est un fait que l'auteur de la version en prose française a recueilli, avec les amours de Tristan, tout le romanesque de la Table Ronde, et les merveilles du Saint-Graal. Il a composé une bibliothèque des récits de chevalerie « qui recèle un roman ancien de Tristan, découpé par pièces, mais dont chacun a été somme toute assez fidèlement conservé[55]. »

Imaginez un compositeur de nos jours (autrefois les textes étaient rares) qui eût composé un pot-pourri avec les morceaux célèbres de Richard Wagner, empruntés à *Tristan* et à *Parsifal*. Qui sait d'ailleurs si cela n'existe pas? Jamais l'homme n'a discuté avec son plaisir.

Mais c'est tout de même avec certaine surprise que nous retrouvons Tristan à la cour du roi Arthur. Nous le verrons reçu chevalier de la Table Ronde, livrant tant de combats qui ne sont plus maintenant que des tournois, composant tant de lais imités de chansons qui eurent la vogue d'un jour, d'un air. Dans un milieu chargé de merveilleux, de féerie où interviennent Palamède (le Méconnu), le bon chevalier, et Brunor le Noir, le fils du chevalier sans peur.

Il est vrai qu'ils ressemblent, comme des frères, à Tristan joueur d'échecs, musicien et escrimeur!

Nous sommes à la fois accablés et ravis, et souvent plus accablés que ravis. Mais la féerie anglaise, celle de Shakespeare, sort de cette mixture.

Telle est la version en prose du XVe siècle, que donne le ms. fr. 103 que j'ai suivie dans ma translation moderne chaque fois que je l'ai trouvée en accord avec la version en prose du XIIIe siècle, authentifiée par les épisodes de la légende de Tristan suivant les vieux poèmes. Mais j'ai résisté aux mirages décevants du romanesque de la Table Ronde qui s'y intercalent.

Les gens d'autrefois n'étaient ni archéologues, ni philologues. Ils n'aimaient les choses que dans une perpétuelle nouveauté. Ils ont toujours copié les manuscrits dans la langue de leur temps, dans le dialecte de leur province (pauvres indices sur lesquels nous formulons des conjectures philologiques). Et quand, dans le même temps, plusieurs ouvrages connaissaient le succès, ils n'hésitaient pas à les réunir, comme les auteurs de nos jours.

Car tout était, pour les gens d'autrefois, un miracle de l'actualité. Le public des lecteurs de romans de chevalerie existe toujours. Mais il se passionne pour les romans feuilletons aux multiples péripéties, aux films du cinéma et à leurs épisodes fantastiques.

Le portrait de la beauté, de la dame aux yeux vairs de jadis, reste aussi conventionnel, et apprêté, que celui des livides stars de l'écran dont les cheveux pâles et les yeux agrandis font rêver les foules, en les consolant de la vie quotidienne.

J'ai pris plaisir, je l'avoue, à transcrire la version française du XVe siècle du *Roman de Tristan*. Il est du même ordre que celui que j'avais trouvé jadis à traduire les paroles de Jeanne d'Arc dans son procès, ou les lettres de *Françoise au Calvaire*.

Je sens bien ce qu'a de fruste cette prose, et que les prestiges de la poésie lui manquent.

Mais on peut trouver aussi que les figures de

Tristan et d'Iseut sont peut-être par là plus près des figures du XII° siècle, à ce qu'il nous paraît du moins; car je n'imagine pas que l'artiste du XII° siècle n'y ait pas mis tout le style, la tendresse, l'art et la finesse qu'il a pu.

Et puisque la légende est née chez nous[56], entre la Normandie, la Grande-Bretagne et la Petite-Bretagne, en Normandie peut-être[57], pourquoi ces héros de légende, simples, hardis, malins, ne s'exprimaient-ils pas comme des gens de nos campagnes, de bons chrétiens vaillants et aventureux?

Ce sont leurs simples mots que l'on trouvera ici, sans désir d'ennoblir leurs discours. Ces pauvres mots, je les répéterai, comme ils sont venus à l'auteur, sans fausse prétention a l'ecriture, sans craindre même de les répéter. Péguy a compris ce genre de beauté qui demeure dans le nombre, qui fait la force de son verbe, usant de la répétition.

Notre langue n'a pas tant de moyens que celui-là doive être, d'une manière pédante, écarté a priori.

Ce qui me chagrine ici demeure cette sécheresse résultant des abrégés, et le souffle un peu court du discours.

Mais ce Tristan, gentil gars de chez nous, bon cavalier, j'imagine parfois l'avoir retrouvé après la guerre, sur les routes de Bretagne, chassant sur la lande avec ses chiens, qui chante comme pas un les airs à la mode, hobereau aussi simple que les simples, vivant près de ses serviteurs, ses confidents et ses amis. C'est l'un de nos camarades, comme ceux que j'ai retrouvés parfois entre Brest et Saint-Thégonnec.

Qu'il est brave et déluré, l'enfant de l'amour, toujours confiant, s'éprenant de toutes ses infirmières, s'entendant à berner un vieux mari jaloux, cambriolant les châteaux et les cœurs!

Car le " boire amoureux " n'est plus ici qu'une avantageuse excuse. Et dans la romanesque histoire, il y a toujours eu matière à sourire.

Quoi de plus plaisant que l'épisode de Gargeolain, l'amante de Runalen, au milieu de fêtes pleines de cris qui semblent aussi des foires où l'on pourrait déballer quelque camelote?

Nous sommes ici chez nous, entre Normandie et Bretagne, en Léonois, à Saint-Pol-de-Léon [58] (qui se souviendrait que le Loonois est le Lothan d'Ecosse?), à Penmarch et à Carhaix, sur le port, non loin de la croix, près des robustes chapelles qui regardent la mer.

Et j'aime aussi la petite Iseut de quatorze ans, qui connaît les herbes et les simples, et sait si bien mentir! Comment l'imaginer autrement que ces étranges Ouessantines qui attendent le retour de leur homme, et les long-courriers sur le rocher inabordable?

Voilà ce que j'ai cru sentir en faisant cette translation, où je n'ai rien modernisé, ni restauré, ni adapté.

J'ai seulement reproduit la version que transcrivit l'homme du XVe siècle. Ce sont ses simples mots que je redis. Et le clerc du XIIIe siècle, son prédécesseur, avait, de la même manière, conté l'histoire qu'il répétait d'après les poèmes d'un vieux trouvère.

Pierre CHAMPION.

LA NAISSANCE DE TRISTAN

Ce jour-là, et la nuit qui suivit, la reine entra en travail. Au jour, elle se délivra d'un beau fils, puisque c'était la volonté de notre Seigneur. Et quand elle fut délivrée, elle dit à sa demoiselle : « Montrez-moi mon enfant et je le baiserai, car je me meurs! » Alors la suivante le lui baille.

Et quand elle le tient dans ses bras, et voit que c'est la plus belle créature du monde, elle dit : « Fils, quel fut mon désir de t'avoir! Or je vois que tu es la plus belle créature qu'onques femme porta; mais ta beauté me fera peu de bien, car je me meurs du travail que j'ai eu à cause de toi. Triste je vins ici, tristement j'ai accouché, en tristesse je t'ai eu, et pour toi, tristement je vais mourir. Et puisque par tristesse tu es venu sur la terre, tu auras nom Tristan. Dieu fasse que tu passes ta vie en plus grande liesse et bonne aventure qu'en ta naissance! »

A ces mots, elle l'embrasse. Et, sitôt qu'elle l'eut baisé, l'âme quitta son corps. Car elle mourut, comme je vous le conte.

Ainsi naquit Tristan, le beau, le bon chevalier qui, depuis, pour Iseut, souffrit tant de peines.

Et le roi Meliadus de Loonois demanda son enfant et s'il était fait chrétien. « Sire, dit la demoiselle, oui, et il a nom Tristan. Sa mère lui donna ce nom quand elle mourut. »

Alors le roi prit l'enfant et le confia à Gouvernal qui depuis le garda avec tant de loyauté qu'il n'en dut être blâmé; et il lui fit chercher nourrice bien convenable.

LES ENFANCES DE TRISTAN

Or le roi Meliadus, devenu veuf, épousa la fille du roi Hoël de Nantes, femme jolie et malicieuse qui commença par aimer Tristan.

Comme il est grand déjà à l'âge de sept ans, aussi beau que Lancelot lui-même! Tous l'aiment et sa marâtre en devient bien jalouse : ne tente-t-elle pas d'empoisonner l'enfant que surveille Gouvernal? Et le voici qui perd bientôt son père, et il pleure tendrement.

Gouvernal s'aperçoit bien que la reine de Loonois haïssait Tristan; et il craignait fort qu'elle ne le fît tuer par trahison. Il vint à Tristan et lui dit :

— Tristan, votre marâtre vous hait à mort, et elle vous eût déjà tué si elle ne me craignait pas. Allons-nous-en en Gaule, vers le roi Pharamond. Là, nous le servirons et apprendrons courtoisie comme gentilhomme doit le faire. Et quand il plaira à Dieu que vous soyez fait chevalier et que votre beau renom se répande, alors, si tel est votre plaisir, vous pourrez revenir au royaume de Loonois et vous ne trouverez homme si hardi qui ose vous contredire.

— Maître dit Tristan, j'irai là où il vous plaira.

— C'est bien, nous partirons demain, fait Gouvernal.

Le lendemain, au matin, ils s'apprêtent avant qu'il fût jour; ils montent à cheval et tant chevauchent qu'ils arrivèrent en France, là où le roi Pharamond résidait en un sien château. Gouvernal défend à Tristan de révéler à personne d'où il est, qui il est, de rien dire sur son père et sa mère, sauf qu'il est un homme étranger. « Maître, dit Tristan, volontiers. »

Ainsi demeurèrent Tristan et Gouvernal près du roi de la Gaule.

Et il grandit et se développa au point que chacun s'en émerveillait. Il sut si bien jouer aux échecs et au jeu de tables que nul ne pouvait le faire mat; à escrimer, nul ne le surpassait. Et il montait à cheval mieux que personne.

Ainsi Tristan progresse si bien, que nul n'aurait su trouver blâme en aucun de ses actes. Et quand il atteint l'âge de douze ans, il est si beau et preux qu'il fait l'étonnement de tous. Il n'y avait en l'hôtel du roi de la Gaule, dame ni demoiselle qui n'eût été bien joyeuse si Tristan la daignât aimer. Et il servait si bel et bien que le roi appréciait ses services entre tous.

Et sachez que nul ne savait qui il était, excepté Dieu et Gouvernal, son maître.

LE MORHOULT D'IRLANDE

Or fut établi sur les gens de Cornouailles, chaque année, un tribut de cent demoiselles, de cent jouvenceaux de l'âge de quinze ans et de cent chevaux de prix. Et fut ce tribut établi au temps du roi Thonosor d'Irlande; il durait depuis deux cents ans et fut, chaque année, acquitté sans faute jusqu'au temps du roi Marc. Mais en ce temps-là cessa le tribut, car le beau Tristan, le bon chevalier amoureux, combattit le Morhoult, frère de la reine d'Irlande, qui était venu en Cornouailles pour demander le tribut; et il le tua en l'île Saint-Samson, comme notre histoire le rapportera ci-après.

Tristan vint devant le roi Marc, son oncle, et lui offrit son service. Et le roi lui demanda qui il était.

— Sire, fait-il, un varlet étranger qui vous servira, s'il vous plaît.

— Il me plaît bien, fait le roi, car tu me sembles bien gentilhomme.

Tristan demeure avec son oncle, comme un homme étranger; et il fit si bien qu'en peu de temps il n'y eut à la cour du roi demoiselle que l'on prisât une maille en comparaison de lui.

Tristan va au bois, où il sert; et il est apprécié sur tous ses compagnons. Le roi ne veut aller nulle part sans lui. Car Tristan n'entreprend rien

43

qu'il ne mène sagement à fin, par sa belle contenance et son beau service; aussi tous les damoiseaux de la cour lui portent envie, car tous il les surpasse. Ainsi Tristan servit jusqu'à l'âge de quinze ans. Alors il était si preux et fort que nul ne l'égalait pour le prouesse et la rapidité.

Gouvernal est bien heureux de le voir si grand et amendé, car désormais il pourrait bien être fait chevalier. Et, s'il l'était, il parviendrait à accomplir de grandes choses.

Alors il arriva, comme je vous le conte, qu'à l'entrée de mai, le Morhoult d'Irlande, et grand nombre de ses gens, vinrent chercher le tribut que ceux de Cornouailles devaient au roi d'Irlande. Et le Morhoult avait avec lui un chevalier, preux et vaillant, mais jeune, qui se nommait Gahieret, et qui était son compagnon.

En ce temps-là, le roi Arthur avait commencé de régner; mais depuis peu il portait la couronne.

Quand ceux de Cornouailles apprennent que les gens d'Irlande étaient venus chercher le tribut, ils mènent grand deuil, et les cris s'élèvent, çà et là. La plainte des dames et des chevaliers commence, et ils disent de leurs enfants : « Enfants, vous êtes nés et nourris pour le malheur, quand il convient que ceux d'Irlande vous maintiennent en servage dans leur pays. Terre, pourquoi ne t'entrouvres-tu pas pour engloutir nos enfants? Cela nous serait à plus grand honneur que de voir ceux d'Irlande vous emmener en servage! Mer félonne et cruelle! Et toi, vent déloyal, pourquoi n'as-tu tant soufflé et venté que tu les eusses tous noyés en la mer? »

Ainsi ils mènent leur deuil, si bien qu'on n'aurait entendu Dieu tonnant.

Mais Tristan demande à un chevalier pourquoi ils font tel bruit, et qui était ce Morhoult dont ils parlaient. Et le chevalier lui répondit que ce Morhoult était un frère de la reine d'Irlande, un des meilleurs chevaliers du monde venu pour chercher le tribut. Il a été envoyé pour combattre corps à corps celui qui s'y opposerait. Mais il n'est personne qui oserait le combattre, car il est trop bon et dur chevalier.

— Et si quelqu'un, fait Tristan, le surpassait par les armes, qu'arriverait-il?

— Par ma foi, fait le chevalier, les gens de Cornouailles seraient délivrés du tribut.

— Au nom de Dieu, dit Tristan, il se peut facilement acquitter, quand par le corps d'un seul chevalier, tous se peuvent délivrer!

— Non, ils ne le peuvent, dit le chevalier, car il n'y a pas d'homme en ce pays qui oserait combattre contre lui.

— Ma foi, dit Tristan, les gens de ce pays sont les plus couards chevaliers du monde! ·

Alors s'en vint Tristan vers Gouvernal, et il lui dit :

— Maître, ceux de Cornouailles sont mauvais; car il n'y a parmi eux homme assez hardi pour oser combattre le Morhoult et abolir le tribut. Certes, si j'étais chevalier, je combattrais contre lui pour faire cesser ce servage. Et, s'il plaisait à Dieu que je pusse vaincre le Morhoult, tout mon lignage en serait honoré, et j'en serais plus honoré toute ma vie. Mais quel est votre avis? Là, je vais éprouver si je serai jamais prudhomme. Certes, si je ne le suis, mieux vaut que le Morhoult me tue, et que je meure de la main d'un prudhomme si valeureux et de telle renommée plutôt que de vivre avec les mauvais de Cornouailles; j'y aurai plus d'honneur!

Gouvernal, qui aimait Tristan plus que tout au monde, répondit :

— Tristan, mon beau doux fils, tu as fort bien dit. Mais le Morhoult est un chevalier qui n'a pas son pareil. Or, tu es bien jeune et tu ne sais rien du métier de chevalier.

— Maître, fait-il, si je ne tente pas cette entreprise, n'ayez plus confiance en moi, car je ne serai jamais un prudhomme. Ce m'est grand réconfort d'avoir appris de vous que mon père était un des meilleurs chevaliers du monde. La nature veut que je lui ressemble; et je n'y manquerai pas, s'il plaît à Dieu!

Quand Gouvernal l'entend, il demeure tout ébaudi et lui dit :

— Beau fils, fais comme tu voudras.

— Maître, répondit-il, grand merci.

Alors Tristan vient devant le roi son oncle, qui était bien courroucé; car il s'irritait de voir qu'il n'y avait pas en son hôtel un chevalier qui voulût combattre le Morhoult pour empêcher le tribut de Cornouailles; car il n'y en avait aucun assez hardi pour oser se dresser contre lui.

Or voici Tristan qui s'agenouille devant son oncle et lui dit :

— Sire, je vous ai servi longtemps, autant que j'ai pu. Je vous prie, en récompense de mon service, de me faire chevalier, aujourd'hui ou demain. Et j'ai tant attendu que ceux de votre cour me blâment.

Le roi répond :

— Bel ami, volontiers, puisque vous me le demandez, je vous ferai chevalier; et ç'aurait été à plus grande fête, n'était cette aventure de ceux d'Irlande qui nous apportent mauvaises nouvelles!

— Sire, dit Tristan n'en ayez pas d'émotion car Dieu nous délivrera de ce péril, et d'autres encore!

Le roi relève Tristan par la main et le confie à Dinas, son sénéchal, lui commandant de chercher et préparer tout ce qui lui sera nécessaire; car il entend dès demain le faire chevalier.

Cette nuit-là, Tristan veilla dans une église de Notre-Dame. Le lendemain, le roi Marc le fait chevalier, aussi honorablement que faire se peut. Et sachez que ceux qui le virent disaient n'avoir jamais vu si beau chevalier en Cornouailles.

Or, tandis qu'ils faisaient la fête de Tristan, voici que quatre chevaliers, sages et de beau langage, viennent au nom de Morhoult et disent au roi, sans le saluer : « Roi Marc, nous venons de la part de Morhoult, le meilleur chevalier du monde. Et nous te demandons le tribut que tu dois chaque année au roi d'Irlande. Prépare-le afin qu'il l'ait avant six jours. Sinon, nous te défions en son nom. Et si tu le courrouces, pas un pied de terre ne te demeurera, et toute la Cornouailles sera détruite. »

Le roi est si ébahi, quand il apprend cette nouvelle, qu'il ne sait plus que dire.

Mais Tristan surgit et répond sans émoi :

— Seigneurs messagers, dites au Morhoult que jamais plus il n'aura le tribut. Car si nos ancêtres ont été des simples et des fous, nous sommes plus sages et ne voulons plus payer leurs folies! Et si le Morhoult prétend qu'on lui doit le tribut, je suis prêt à combattre contre lui corps à corps : car ceux de Cornouailles sont francs, et ils ne lui doivent rien!

Alors les messagers disent au roi :

— Est-ce en votre nom que ce chevalier a parlé?

— Par ma foi, fait le roi, je ne lui avais pas commandé de le dire; mais puisque sa volonté est telle, je me fie tant en Dieu et en lui que je lui accorde la bataille, et je joue la fortune du royaume!

Quand Tristan entend ces paroles, il court baiser le pied du roi. Puis il dit aux messagers d'Irlande :

— Vous pouvez maintenant répondre au Morhoult qu'il n'aura pas le tribut, s'il ne le gagne à l'épée.

— Qui êtes-vous, interrogent les messagers, vous qui allez soutenir la bataille contre le Morhoult?

— Je suis, fait Tristan, un étranger qui a si bien servi le roi qu'il m'a fait chevalier.

— Eh bien! de quel lignage êtes-vous?

— Or dites-lui, fait Tristan, que quel que soit le degré de son lignage, il ne demeurera pas. Car s'il est fils de roi, je le suis également. Le roi Meliadus de Loonois fut mon père, et le roi Marc, ici présent, est mon oncle : je me nomme Tristan. Et que votre seigneur sache bien que s'il veut la paix, il l'aura; mais s'il ne la veut pas, il aura la bataille.

Alors ils lui dirent qu'ils rempliraient leur message.

Ainsi ils quittent le roi Marc, s'en vont vers le Morhoult, lui rapportant ces nouvelles...

— Et où doit se livrer cette bataille? dit le Morhoult.

— Par ma foi, font ceux-ci, il n'en fut pas parlé.

— Or retournez pour demander au roi où elle sera.

— Sire, font-ils, volontiers...

Et le roi leur dit :

— Ici, devant nous, en l'île Saint-Samson. Que chacun ait son bateau, qu'il sache gouverner lui-même. Car nul ne l'accompagnera...

Et ceux de Cornouailles passent la nuit en prières, pour que Dieu veuille sauver Tristan, lui donner la force et le courage de libérer le royaume de Cornouailles de la longue servitude où il était demeuré si longtemps. Tristan veille toute la nuit dans une église de Notre-Dame. Un peu avant le jour il se couche pour être plus léger quand il livrera le combat contre le Morhoult. Devant prime, il va entendre la messe, tout armé; puis il retourne au palais.

Et le roi Marc vint au-devant de lui et lui dit :

— Neveu Tristan, la fleur des damoiseaux, pourquoi pendant si longtemps as-tu dissimulé envers moi? Si je t'avais connu, je ne t'aurais pas accordé le combat, car j'aurais préféré que Cornouailles demeurât toujours en servage. Si tu meurs, jamais plus je n'aurai de joie, et nous serons pis que devant!

— Seigneur, répond Tristan, n'ayez crainte. Mais priez Dieu qu'il nous aide, et il nous entendra, car nous avons bon droit.

— Neveu, dit le roi, que Dieu veuille écouter notre prière et donner secours au grand besoin de Cornouailles.

Or, tandis qu'ils parlaient, la nouvelle se répandit que le Morhoult était déjà dans l'île, prêt à livrer la bataille. Alors Tristan demande qu'on lui baille son heaume; le roi lui-même le lace. Et, dès qu'il est armé, il monte à cheval, va vers son bateau, y monte et nage vers l'île. Le voici qui en sort, avec son cheval. Puis il lance à la dérive sa barque qui s'éloigne.

Le Mohoult lui demande pourquoi il faisait ainsi.

— Je le fais, dit Tristan car si je suis tué, tu me mettras en ta nacelle, et nous nous en irons là où nous aurons dévisé.

— Tu es sage, répond le Morhoult, et pour le sens je vois en toi, je ne voudrais pas ta mort Pourquoi ne pas rompre cette bataille, laisser ce que tu n'as entrepris que par folie et jeunesse? Je te retiendrais auprès de moi, et nous serions compagnons, moi et toi.

Mais Tristan :

— La bataille, je la laisserais volontiers, si tu voulais acquitter les gens de Cornouailles du tribut de jouvenceaux que tu leur demandes; car autrement il me semble impossible de le faire.

— Non, dit le Morhoult, je t'appelle au combat.

— Je suis prêt, répondit Tristan, c'est pour cela que je suis venu.

COMBAT AVEC MORHOULT

Alors ils laissent courir leurs chevaux l'un contre l'autre, et ils croisent si vigoureusement leurs glaives qu'ils les font plier durement. Et sachez qu'ils se fussent tués, l'un l'autre, si leurs glaives n'avaient volé en morceaux. Ils se heurtent du corps et de la poitrine si sévèrement qu'ils se trouvent à terre, sans qu'ils puissent dire s'il fait jour ou nuit. Ainsi ils se relèvent grièvement atteints.

Tristan est blessé du glaive envenimé du Morhoult, et le Morhoult est blessé par le fer du glaive loyal de Tristan. Alors ils tirent leurs épées, s'en portent les plus grands coups qu'ils peuvent, si bien qu'en peu d'heures les voici fatigués des horions qu'ils échangent; et ce n'est pas l'armure qu'ils portent qui saurait leur éviter de graves et d'étonnantes plaies, car ils perdent abondamment leur sang.

Le Morhoult, qui pensait être un des meilleurs chevaliers du monde, redoute à ce point l'épée de Tristan qu'il en est tout ébahi. Sachez aussi que Tristan redoutait tout autant le Morhoult. Et ceux qui de loin les regardaient assurent que jamais ils ne virent chevaliers de cette force.

Tous deux se craignent pareillement. Et cependant, puisque tous deux sont venus à ce point que l'un doit surmonter l'autre, ils ne s'épargneront pas. Ainsi ils se jettent l'un contre l'autre, l'épée nue à la main, se frappant avec plus de rage et de cruauté que jamais. Et si bien se comportent que le plus sain ne pense échapper vivant. Tristan frappe de l'épée le Morhoult parmi le heaume si rageusement qu'il lui fiche son épée jusqu'au milieu de la tête. De ce coup demeure un grand morceau du tranchant de l'épée dans la tête du Morhoult, au point que la lame est fort ébréchée.

Quand le Morhoult se sent blessé à mort, il jette à terre son écu et son épée; et il s'en retourne fuyant vers son bateau. Il y entre et s'éloigne le plus vite qu'il peut. Ainsi il vient à ses hommes qui le reçoivent en leurs nefs, tout dolents et courroucés de cette aventure.

Le Morhoult leur dit :

« Or entrons dans la mer et hâtez-vous de ramer jusqu'à ce que nous soyons en Irlande. Je suis blessé à mort et j'ai grand-peur de mourir avant que nous y soyons arrivés. »

Ils font ce qu'il leur commande, appareillent et entrent en la mer.

Quand ceux de Cornouailles les virent s'en aller, ils leur crient :

« Allez-vous-en sans revenir, et que la tempête vous puisse tous noyer! »

Le roi Marc voit son neveu Tristan qui avait gagné la bataille tout seul en l'île; il crie à ses hommes :

« Amenez-moi Tristan, mon neveu. Dieu nous a fait, par sa miséricorde, une grande grâce! Par la prouesse de Tristan, Cornouailles est aujourd'hui délivrée du servage où elle demeurait! »

Alors ceux de Cornouailles courent aux bateaux, gagnent l'île où ils trouvent Tristan si faible qu'à peine il pouvait se soutenir à cause du sang qu'il avait perdu : ils le prennent sur un bateau et le mènent au roi.

Et quand le roi le voit, il le baise plus de cent fois, lui demandant comment il se trouve.

« Sire, fait-il, je suis blessé; mais, s'il plaît à Dieu, je guérirai. »

Le roi le mène à l'église pour rendre grâces à notre Seigneur de l'honneur qui lui a été fait aujourd'hui; puis tous s'en reviennent au palais, joyeusement et à grande fête.

Mais Tristan se couche sur un lit. Car il est si angoissé par le venin qu'il porte en lui qu'il n'a pas le cœur à rire ni à jouer. Il en perd le manger et le boire.

TRISTAN A L'AVENTURE

Les médecins sont venus visiter Tristan; ils lui appliquent des herbes de diverses espèces, si bien qu'en peu de temps il est guéri de toutes ses plaies, sauf de celle où demeure le venin.

Tristan éprouve alors telles douleurs et angoisses qu'il ne peut dormir, ni le jour ni la nuit; il ne mange plus et amaigrit beaucoup. Sa plaie pue si fort que personne ne consent à demeurer près de lui, sauf Gouvernal. Car celui-ci le sert au fort et au dur. Et il pleure sur Tristan et mène si grand deuil que c'est pitié de le voir. Mais qui eût vu auparavant Tristan ne saurait plus le reconnaître, tant il a empiré. Tous les prudhommes en sont bien tristes et disent :

— Ha! Tristan, à quel prix avez-vous acheté la franchise de Cornouailles! Hé! doux Tristan, quel grand dommage c'est de vous! Vous mourez à douleur de ce qui nous comble d'aise!

Un jour Tristan était dans son lit, si maigre et pâle, que nul ne pouvait le voir sans prendre de lui pitié. Une dame était là, qui pleurait bien fort et disait :

— Tristan, je m'émerveille que vous ne preniez aucun conseil à votre sujet. Certes, si j'étais à votre place, je m'en irais dans une autre terre, puisque en ce pays je ne puis me guérir; ainsi je saurais si Dieu ou quelque autre, pourrait me sauver.

— Dame, répond Tristan, comment faire? Il m'est impossible de chevaucher et je ne supporterais pas d'être porté en litière.

— Ma foi, réplique la dame, puisque je ne puis vous conseiller, que Dieu vous conseille!

Sur ce, elle le quitte.

Et Tristan se fait porter à une fenêtre sur la mer. Il se prend à la regarder, et longtemps, il pense. Et quand il eut réfléchi, il appela Gouvernal et lui dit :

— Maître, allez vers mon oncle, et demandez-lui de venir me parler.

Gouvernal y va et lui dit :

— Sire, venez parler à Tristan.

Et le roi y vint et lui demanda :

— Beau neveu, qu'y a-t-il pour votre plaisir?

— Sire, dit Tristan, il y a que je vous requiers un don qui ne vous coûtera pas beaucoup.

— Mais, fait le roi, s'il m'en devait coûter assez, je vous le donnerais, car il n'est rien en ce monde, ni chose si grande que je puisse posséder que je ne vous accordasse.

— Sire, fait Tristan, j'ai assez souffert peines et douleurs, depuis que j'ai combattu le Morhoult pour la franchise de Cornouailles. Je ne puis, en cette terre, ni vivre, ni sitôt mourir. Et puisqu'il en est ainsi, je veux m'en aller en autre pays, s'il plaît à Dieu, et savoir si Dieu daignera m'envoyer la guérison sur une autre terre, puisqu'il ne le fait sur celle-ci.

— Neveu, dit le roi, mais comment irais-tu en autre terre? Tu ne peux chevaucher ni marcher à pied et tu ne souffrirais pas qu'on te portât en litière.

— Oncle, je vais vous dire ce que je désire. Vous me ferez ouvrer une mince nacelle, bien faite, à une petite voile, que je puisse monter et tirer comme je voudrai. Elle sera par-dessus couverte de soie contre le chaud et la pluie. Et vous ferez mettre dedans des victuailles dont je pourrai me soutenir un grand moment. Et vous y ferez mettre ma harpe, ma rote et tous mes instruments. Quand elle sera appareillée, je vous demande d'y placer mon lit; et puis vous m'y ferez porter et alors vous me lancerez en la mer. Et quand je serai en la mer, bien seul, et de tous oublié, alors, s'il plaît à Dieu que je me noie, la mort m'agréera, car je languis depuis trop longtemps. Et si je viens à guérison, c'est en Cornouailles que je reviendrai. Ainsi je veux qu'il soit fait. Et pour plus de hâte, c'est à mains jointes que je vous prie; et que la nacelle soit prête sans délai, car jamais je n'aurai de joie avant qu'il soit fait de la sorte et d'être en la mer!

Et quand Tristan eut tout ainsi devisé, le roi commence à pleurer et à dire :

— Comment, beau neveu, vous voulez donc me laisser?

— Certes, fait Tristan, mon oncle, il n'en peut être autrement.

— Et que deviendra Gouvernal? dit le roi; s'il demeure avec vous, il vous sera de grande aide.

— Certes, fait Tristan, mais en ce point je ne veux que la compagnie de Dieu. Si je meurs, je désire qu'il ait ma terre, car il est de si haut lignage qu'il pourra bien la régenter, puisqu'il aura reçu l'ordre de chevalerie.

Le roi comprend qu'il n'en peut être fait autrement; il ordonne de préparer la nacelle, suivant le plan indiqué par son neveu. Et quand la nef fut garnie et appareillée, on y porta Tristan.

Onques ne vit si grand deuil qu'à ce départ! Mais quand Tristan voit cette douleur, demeurer là lui tarde. Il se fait conduire à la mer, où la voile est tendue. Et en peu d'heures, il est si loin qu'il ne voit plus ni oncle ni amis, et eux ne le voient pas davantage.

Ainsi s'en va Tristan sur la mer; et il y fut bien

quinze jours, ou plus, tant qu'il arriva en Irlande devant le château de Hessedot.

Là, était le roi d'Irlande et la reine, sœur du Morhoult.

Elle y était aussi Iseut, leur fille, séjournant avec eux. Et cette Iseut était la plus belle femme du monde, la plus savante en chirurgie qu'on aurait su trouver en ce temps, car elle connaissait toutes les herbes et leur pouvoir. Il n'y avait si dangereuse plaie qu'elle ne guérît. Et elle n'avait pas plus de quatorze ans.

Quand Tristan fut arrivé au port et qu'il vit la terre qu'il ne connaissait pas, tout son cœur est en joie pour ce pays nouveau et aussi pour ce que Dieu l'avait jeté hors du péril de la mer. Alors il prend sa harpe, l'accorde et commence à jouer si doucement que nul n'aurait pu l'ouïr sans l'écouter volontiers.

C'était la coutume des chevaliers pensifs de jouer de la harpe et de chanter pour dompter leur douleur.

Tristan joua longuement et termina sur des accords un peu tristes.

> *Sans cœur suis et sans cœur demeure*
> *Je n'ai membre, ni pied, ni main.*
> *Sans amour en amour demeure,*
> *Vivant, faut-il donc que je meure?*

> *Mourant d'amour, d'amour je vis.*
> *Je meurs d'amour et j'en revis.*
> *Quand je me sens en mort subite*
> *Je me contracte et ressuscite.*

> *En mainte diverse manière,*
> *Comme fait la bête qu'on chasse*
> *Me mène Amour et me pourchasse*
> *Au train de la fille « banière ».*

> *Amour une fois me promet*

Tous biens maintenant il m'apporte
Grands maux qu'il dépose à ma porte
Et puis en amour me remet.

Le roi était à sa fenêtre; il entend les sons; il voit la nacelle qui arrive, si bien appareillée qu'il pense que c'est là quelque féerie. Il la montre à la reine.

— Sire, fait-elle, avec l'aide de Dieu, allons savoir ce que cela peut-être.

Alors tout seuls, sans compagnie, le roi et la reine descendent de leur cour et viennent au rivage. Ils écoutent Tristan harper jusqu'à ce qu'il eut modulé toutes ses notes et remis devant lui sa harpe.

Or Tristan demande quelle est cette terre, où il est arrivé.

— Par ma foi, fait le roi, c'est l'Irlande.

Ici, Tristan est plus mal à l'aise que devant; car il sait bien, s'il est reconu, qu'il lui faudra mourir à cause du Morhoult qu'il a tué. Le roi lui demande qui il est.

— Sire, fait-il, je suis de Loonois, près de la cité d'Albisme, un pauvre homme et malade qui me suis confié à l'aventure sur cette mer; et je suis arrivé ici pour savoir si je pourrais trouver la guérison de ma maladie. Car j'ai tant souffert d'angoisses et de peines, et encore aujourd'hui j'en souffre plus que nul n'en saurait endurer; et j'aimerais mieux mourir que plus longuement languir en cette douleur!

— Etes-vous chevalier? fait le roi.

— Je le suis, Sire, répond Tristan.

Alors le roi lui dit :

— Or demeurez sans crainte, car vous êtes arrivé à tel port où vous trouverez guérison; car j'ai une fille bien savante, et si quelqu'un doit jamais vous guérir, c'est elle qui vous guérira à bref délai. Et je la prierai de s'en occuper, pour Dieu et par pitié.

— Sire. Dieu vous le rende, dit Tristan.

Le roi et la reine regagnent leur palais. Le roi appelle ceux qui sont dedans et leur commande d'aller au port chercher un pauvre chevalier; qu'ils le portent, lui fassent faire un bon lit et le couchent. Ainsi ils font ce qui leur est commandé. Et quand Tristan fut couché, le roi dit à Iseut de prendre soin du chevalier; ce qu'elle fit bien doucement, regardant et visitant les plaies sur lesquelles elle mit des herbes. Alors Iseut lui dit de ne pas se tourmenter et que bientôt elle le rendrait tout sain, avec l'aide de Dieu.

En cette chambre Tristan demeura dix jours malade. Et la demoiselle prenait soin de lui chaque jour; mais il ne faisait qu'empirer, car les herbes lui étaient contraires. Et quand Iseut le voit, elle en est toute ébahie, maudissant son sens et son savoir. Elle dit qu'elle n'entend rien à ce qu'elle croyait connaître mieux que nul au monde.

Mais elle s'avise alors que la plaie de Tristan a pu être touchée par un venin et que c'est bien cela qui s'oppose à sa guérison, et qu'elle va la guérir certainement. Car, si elle n'est envenimée, elle dit qu'elle n'y mettra jamais plus la main, et que ce serait chose perdue.

Alors Iseut fait apporter Tristan au soleil pour regarder la plaie plus distinctement; et quand elle l'eut examinée, elle déclara qu'elle était bien entachée de venin :

— Ah! Sire, le fer dont cette plaie fut faite était empoisonné. C'est pourquoi ceux qui devaient vous guérir ne l'ont pu faire; car ils ne prenaient pas garde au venin. Mais maintenant que je l'ai vu, s'il plaît à Dieu, je vous conduirai à la guérison, vous pouvez en être assuré.

Tristan est bien joyeux de cette nouvelle. Et la demoiselle va chercher ce dont elle a besoin, ce qu'elle pense être le plus convenable pour détruire le venin. Tant peine et travaille qu'elle l'a bientôt fait disparaître. Et Tristan revient à la guérison, commence à boire et à manger, retrouve force et beauté. Et tant s'en entremet la demoiselle qu'avant deux mois passés, Tristan est guéri, en aussi bon point qu'il fut jamais.

Alors Tristan pense qu'il va retourner en Cornouailles : car il sait bien, s'il était reconnu, que les gens d'Irlande le feraient mourir à douleur et à honte pour avoir tué le Morhoult.

COMBAT AVEC LE DRAGON

En cette terre d'Irlande, il y avait un serpent qui désolait et détruisait tout le pays. Il venait au château deux fois la semaine, dévorant tous ceux qu'il pouvait attraper, si bien que nul n'osait sortir par crainte du serpent. Et le roi avait fait publier qu'à celui qui pourrait tuer le serpent il donnerait tout ce qu'il lui demanderait, la moitié de son royaume, et Iseut sa fille s'il voulait l'avoir.

Or il arriva que le serpent vint à ce château le jour même que le roi avait fait publier ce cri. Et tous ceux qui sortaient du château, parmi ceux qui l'habitaient, s'enfuyaient en criant et braillant. Tantris (tel était le nom sous lequel Tristan se cachait) demanda ce qu'il se passait. On lui rapporta ce que je vous ai dit, et le cri que le roi avait fait publier. Sur quoi Tristan s'arma si secrètement que nul ne le sut; et il sortit du château par une fausse poterne, s'avançant si bien qu'il découvrit le serpent. Dès que le serpent l'aperçoit, il court sur lui, et Tristan sur le serpent. Alors commence la dure et cruelle bataille de Tantris et du serpent. Le serpent plante ses griffes sur son écu, en casse la courroie et tout ce qu'il a atteint; sa gueule jette feu et flamme, si bien qu'il lui brûle tout son écu; et peu s'en faut qu'il ne l'abatte à terre. Mais Tristan se redresse vigoureusement, lève l'épée et frappe le serpent; il éprouve que sa peau est si dure qu'il n'y peut faire entrer son épée. Alors il essaie un coup d'estoc. Et le serpent va sur lui, la gueule ouverte, pour le manger. Et Tristan, qui s'en avise, lui boute l'épée parmi la gueule jusqu'au ventre, lui coupant le cœur en deux morceaux. Alors le serpent tombe mort; et Tristan lui coupe la langue qu'il met en sa chausse.

Puis il s'en va; mais il n'est pas allé bien loin que le voilà tout de son long étendu à terre, comme un mort, à cause du venin de la langue du serpent qu'il portait en sa chausse.

Le roi Angyns avait un sénéchal appelé Aguynguerren le Roux. Comme il venait au château, il rencontre le serpent mort, lui coupe la tête, se disant qu'il la présentera au roi; et puis il lui demandera sa fille et la moitié de son royaume, car il fera accroire au roi que c'est lui qui a tué le serpent.

Ainsi le sénéchal vient au roi avec la tête du serpent. Il le salue et lui dit :

— J'ai tué le serpent qui détruisait tout ce pays. Voyez sa tête. Or je te demande Iseut, ta fille, et la moitié de ton royaume, comme c'est convenu.

Le roi est dans l'émerveillement et dit :

— Sénéchal, je parlerai à Iseut ma fille, et je saurai ce qu'elle en pense.

Alors le roi s'en va dans la chambre de la reine; il la trouve avec sa fille Iseut, et leur raconte que le sénéchal avait tué le serpent :

— Il m'en a apporté la tête; or, maintenant, il convient que je tienne la promesse que je fis annoncer par mon cri.

Quand la reine et Iseut l'entendent, elles se montrent bien courroucées. Iseut dit que jamais il ne l'aurait, qu'elle aimerait mieux être morte que d'être à ce félon et traître rouquin.

— Mais, Sire, vous irez vers lui et vous lui

61

direz que vous allez prendre conseil de vos barons, que vous saurez bien lui en dire la vérité dans une huitaine.

Alors le roi revint vers le sénéchal, lui rapportant ces paroles; et le sénéchal tomba d'accord avec lui.

Or la reine dit à sa fille Iseut :

— Ma fille, allons, vous et moi, sans bruit voir ce serpent qui est mort; car jamais je ne croirai que le sénéchal ait eu assez de hardiesse pour oser l'attaquer.

— Dame, répond Iseut, bien volontiers.

Ainsi elles s'en vont seules, accompagnées toutefois des deux écuyers, Perinis et Mathanael. Elles vont jusqu'à ce qu'elles rencontrent le serpent mort et le contemplent un bon moment. Comme elles s'en retournaient, regardant sur le côté du chemin, elles aperçoivent Tristan qui gisait tel un mort. Elles vont vers lui, mais ne le reconnaissent pas, car il était enflé comme un gros tonneau. Et Iseut dit :

« Cet homme est mort, ou bien il est empoisonné par le venin du serpent, mais je crois bien que c'est lui qui a tué le serpent, et le serpent l'aura tué. »

Elles font si bien, émues de pitié, qu'avec l'aide des deux écuyers, elles l'emportent dans leur chambre. Et là, il fut déshabillé, et on trouva la langue du serpent dans sa chausse. Iseut le palpe et juge qu'il est encore en vie; elle lui fait boire de la thériaque et si bien le soigne qu'il perd son enflure, guérit et revient à sa beauté. Alors elles reconnaissent que c'est Tantris, leur chevalier, et elles en sont bien joyeuses.

Au terme de huit jours, voici le sénéchal qui revient vers le roi pour lui demander son don. Le roi avait pris conseil auprès de ses barons qui lui avaient dit de lui accorder ce qu'il avait promis

Quand Iseut l'apprend, elle commence à mener bien grand deuil; elle dit qu'elle se laisserait arracher les membres plutôt qu'il l'eût et qu'elle le prît. Et voici qu'au milieu du deuil qu'elle faisait, Tristan lui demande ce qu'elle a, et pourquoi elle mène un tel deuil. Iseut lui raconte que le sénéchal veut l'avoir pour femme, et la moitié du royaume de son père, car il a déclaré avoir tué le serpent.

Mais quand Tristan l'apprend, il lui dit :

— Ne vous inquiétez pas, je vous délivrerai bien, car il a menti. Mais pouvez-vous me dire si vous savez où est la langue que j'avais mise en ma chausse, quand je fus transporté ici?

— Sire, fait la reine, la voici.

Et Tristan prend la langue, va au palais, disant devant tous :

— Où est le sénéchal qui veut avoir Iseut et déclare qu'il a tué le serpent? Qu'il vienne un peu, car je dis qu'il ment et je suis prêt à en faire la preuve contre lui, au corps à corps ou autrement, s'il est besoin!

Et le sénéchal a bondi en avant, affirmant que c'était vrai.

Alors Tristan dit au roi :

— Sire, regardez s'il n'y a pas de langue en la tête du serpent, et sachez que celui qui lui coupa la langue est celui qui l'a tué.

Alors on regarde la tête et l'on constate qu'elle n'a pas de langue. Et Tristan montre la langue, qui est replacée là où elle avait été tranchée; elle y adhère parfaitement. Ainsi le sénéchal est hué, fait prisonnier et ruiné. Et Tristan reçut les honneurs et services, quand on apprit qu'il avait tué le serpent.

LA BRÈCHE DE L'ÉPÉE

Il arriva une fois que Tristan se baignait. La reine Iseut et Brangien, beaucoup d'autres étaient devant lui et le servaient bien gracieusement. Un varlet, parent de la reine, y vint aussi. Il regarde un lit et voit dessus la très riche épée de Tristan, celle-là dont il avait tué le Morhoult. Il la tire du fourreau, constate qu'elle est ébréchée et en reste tout ébahi. Car la pièce qui manque, celle-là qui était demeurée dans la tête du Morhoult, la reine l'avait gardée dans un écrin enveloppée d'un drap de soie. Et tandis que l'écuyer regardait l'épée, la reine survient demandant à qui elle appartient. Et il lui répond que c'était celle de Tantris qui se baignait.

« Bien, fit-elle, porte-la dans cette chambre. »

Il la porte et la reine ouvre son écrin, sortant de son enveloppe le morceau de l'épée trouvée dans la tête du Morhoult. Il correspond exactement à la partie qui sauta quand Tristan avait tué le Morhoult.

« Ah Dieu! dit la reine, celui-là est Tristan, qui a tué mon frère. Comme il a dissimulé longuement envers nous! Puisque de cette épée il a tué le Morhoult, de cette épée il devra mourir! »

Alors elle va vers Tristan, qui ne se doutait de rien, et s'écrie :

— Ah! Tristan, neveu du roi Marc, tout est

découvert! Vous êtes un homme mort! Car vous avez tué mon frère de cette main et par cette épée, mais de cette main et par cette épée vous allez mourir!

Alors Iseut dresse l'épée pour l'en frapper.

Mais Tristan ne fait pas un mouvement et il feint la frayeur; puis il dit :

— Ah! Dame, pour la merci Dieu, n'allez pas tuer ainsi le meilleur chevalier du monde. Il ne vous appartient pas de le faire, vous qui êtes une dame. Laissez le roi prendre une résolution, et il saura bien se venger!

Mais la reine ne veut toujours pas s'apaiser, et Tristan est bien obligé de la retenir. Le cri et la dispute montent à ce point que le roi et ses barons accourent. Et la reine dit :

— Ah! Sire, voici le déloyal meurtrier Tristan qui s'est si bien caché parmi nous : c'est lui qui a tué le Morhoult, mon frère! Ou vous le tuerez ou je le tuerai. Voici l'épée dont il l'a frappé; et de cette même épée, je veux qu'il meure.

Le roi était sage et réfléchi. Il dit :

— Dame, taisez-vous; laissez-moi cette vengeance et je ferai si bien que je n'en serai blâmé.

— Sire, fait-elle, grand merci! vous m'avez soulagée!

— Donnez-moi, fait le roi, cette épée.

Elle la lui baille et s'en va.

Et le roi vient à Tristan et l'interroge :

— Vous êtes bien ce Tristan qui a tué le Morhoult?

— Sire, dit Tristan, il n'y a pas ici de mensonge. Je suis Tristan, en vérité. Mais si je l'ai tué, nul ne devrait m'en blâmer; car il me convenait de le faire; et lui aussi m'eût tué, s'il avait pu.

— Vous êtes un homme mort, dit le roi.

— Si vous le voulez, vous le pouvez faire, réplique Tristan; de vous dépend ma mort ou ma vie.

— Habillez-vous, ajoute le roi, et venez en ce palais.

Et Tristan se vêtit et s'en va au palais. Quand il fut devant les barons, il éprouva quelque honte et commença à rougir, ce qui le rendit plus beau encore. Et ceux qui le regardent déclarent que ce serait trop grand dommage si un chevalier si beau et si bon, comme il était, recevait la mort pour chose qu'on ne peut éviter.

Mais la reine s'écrie devant le roi :

— Sire, vengez-moi de Tristan le traître, qui a tué mon frère!

Et le roi répondit :

— Tristan, vous m'avez bien honni et couvert de honte quand vous tuâtes le Morhoult; et cependant, ce serait grand dommage si je vous tuais à mon tour. Aussi je ne le ferai pas. Je vous laisserai la vie pour deux raisons : l'une est la bonne chevalerie qui est en vous; et l'autre pour ce que vous avez été chez moi tiré de la mort. Car à mon tour, si après vous avoir sauvé, je vous mettais à mort, je ferais trop grande trahison. Allez, quittez bientôt mon hôtel et ma terre et que l'on ne vous y trouve jamais. Car si je vous retrouvais, cette fois je vous mettrais à mort.

— Sire, dit Tristan, je vous remercie grandement de tant de bonté que vous me montrez.

Alors le roi lui fait donner des armes et un cheval. Tristan l'enfourche et s'en va. Et Brangien lui confie secrètement ses deux frères qui le serviront volontiers. Mais la reine est bien dolente et courroucée de ce que Tristan s'en va libre ainsi, car elle aurait bien voulu qu'on le mît à mort.

Tristan va au port. Il prend la mer et cingle jusqu'à ce qu'il arrive en Cornouailles à Tintagel, où était le roi Marc. Et quand le roi et ses barons ont vu Tristan, ils l'accueillent à grand-joie comme si notre Seigneur y fût descendu.

Le roi demande à Tristan ce qui lui est arrivé depuis lors. Et Tristan lui conte comment il avait été guéri par Iseut la Blonde et comment il avait été aussi en péril de mort. Iseut est la plus belle demoiselle du monde, la plus savante en médecine. Et ceux du pays sont bien joyeux de ces nouvelles et lui font grande fête et joie. Le roi l'établit maître et seigneur de son hôtel et de tout ce qu'il possédait, par quoi il fut plus craint et redouté qu'auparavant.

LE MARIAGE DU ROI MARC

Le roi Marc prend bientôt Tristan en haine, car il le craint plus qu'autrefois. Volontiers il l'aurait mis à mort, s'il l'avait pu, mais d'une manière telle qu'on ne s'en aperçût. Si le roi le chasse de sa cour, Tristan souffrira un dommage par sa faute; si le roi le retient près de lui, il est à ce point aimé de tous, que si la discorde apparaît entre eux, c'est le roi qui en recueillera le dommage. Sur cela il réfléchit; mais il ne trouve nulle part une issue favorable. Ainsi le roi tombe en une pensée dont il ne peut se délier; et il médite comment il pourra se débarrasser de Tristan. Il peut bien mourir : voilà qui lui est indifférent; car il aimerait mieux le voir mort que vif!

Peu de temps après, il arriva que le roi siégeait parmi ses barons; et Tristan se tenait devant lui. Or les barons dirent au roi qu'ils s'étonnaient bien de ne pas le voir prendre femme. Et Tristan ajouta qu'il lui plairait fort qu'il prît femme.

Alors le roi dit :

— Tristan, je l'aurai quand il vous plaira, car il ne tient qu'à vous d'avoir la si belle, comme vous savez, celle-là que je veux avoir.

— Sire, répondit Tristan, puisqu'il ne tient qu'à moi, vous l'aurez, car j'aimerais mieux mourir que vous ne l'eussiez.

— Comment vous croire, Tristan?

Alors Tristan étend la main vers une chapelle et fait le serment, si Dieu l'aide et le bénit, qu'il fera tout ce qui est en son pouvoir. Et le roi l'en remercie bien fort.

— Eh bien! je vais vous dire, fait le roi, qui est celle que je vous demande. Vous savez, car maintes fois vous me l'avez dit, que si je prenais femme, je devais la prendre telle que je puisse m'en réjouir et trouver soulas en sa beauté. Or vous n'avez jamais loué la beauté que d'une seule femme, et vous m'avez donné ce témoignage qu'elle était la plus belle femme du monde. C'est celle-là que je veux; et j'aurai, si je dois avoir une femme, Iseut la Blonde, la fille du roi Angyns d'Irlande. Il convient donc que vous me l'ameniez ici, ainsi que vous me l'avez promis. Tantôt, prenez en mon hôtel telle compagnie que vous voudrez et mettez-vous en route; et faites si bien que je l'aie.

Quand Tristan entend cette nouvelle, il pense que son oncle l'envoie en Irlande plutôt pour y mourir que pour avoir Iseut. Mais il n'ose lui refuser. Et le roi, qui désire plus son malheur que son bien, lui dit par flatterie :

— Beau neveu, ne me la donnerez-vous pas, ici?

— Sire, dit Tristan, j'en ferai tout mon pouvoir, même si j'en devais mourir.

— Beau neveu, grand merci. Or il est temps de vous préparer, car jamais je n'aurai de joie avant votre retour et que vous m'ayez amené Iseut la Blonde!...

Tristan, s'il avait pu, aurait bien renoncé à cette mission. Mais il ne peut le faire, car il a prononcé son serment devant maints prudhommes; c'est pourquoi il se tait. Tristan le sait bien, il est envoyé là-bas pour y mourir; car c'était le lieu du monde où on le haïssait le plus mortellement pour avoir tué le Morhoult.

— Advienne que pourra, puisque tout va à l'aventure!

Alors il prend quarante chevaliers, jeunes hommes du meilleur lignage qui soit en l'hôtel du roi Marc. Eux aussi sont bien dolents et courroucés, et ils eussent préféré perdre leurs terres que d'être envoyés par le roi en Irlande. Car ils le savent bien : si on les reconnaît, tous seront mis à mort. Cependant ils s'apprêtent, montent sur une nef, avec Tristan et Gouvernal.

Et Gouvernal pleure beaucoup sur Tristan, disant :

— Maintenant, vous pouvez bien voir comment vous aime votre oncle! Cette affaire n'a été résolue que pour vous faire mourir, et non pour avoir la demoiselle!

— Beau maître, répond Tristan, calmez-vous; si mon oncle me hait, je ferai tant par ma bonté, s'il plaît à Dieu, que jamais son cœur ne sera envers moi si mauvais qu'il ne me veuille du bien; qu'il se calme lui aussi, car je ferai tant, s'il plaît à Dieu, que, quelque peine que j'endure, j'aurai la demoiselle.

— Dieu le veuille! dit Gouvernal.

Ainsi Tristan et ses compagnons ont pris la mer; et ils sont tristes d'aller vers une mort qu'ils savent certaine. Mais Tristan les rassure et leur dit de se tranquilliser. Et telle est leur confiance en lui qu'ils sont apaisés. Car il leur semble qu'aucun mal ne peut leur arriver avec Tristan.

Ainsi ils s'en vont cinglant par la mer quand, tout à coup, se lève une si forte tempête que tous pensent mourir. Alors les marins ne savent que faire et laissent aller la nef avec le vent : Tristan et ses compagnons commencent à crier à Dieu merci. Cette tourmente dura vingt jours et une nuit; et puis la mer se calma et ils se retrouvèrent en Grande-Bretagne, à une lieue de Kamalot où le roi Arthur séjournait souvent pour ce que la cité était pourvue de toutes les commodités et des choses nécessaires à chacun... Tristan demande aux mariniers s'ils savaient où ils étaient.

— Sire, font-ils, nous sommes en Grande-Bretagne, la terre du roi Arthur.

— Ici, nous n'avons pas à nous garder, dit Tristan.

Alors ils descendent à terre et font dresser six pavillons, beaux et riches, sur la fraîche prairie.

Et c'est là que Tristan se mit dans la suite du roi d'Irlande, à qui il rendit tant de services au cours de cruelles et félonnes batailles, jusqu'au jour où il devait retrouver ses compagnons.

En cette partie le conte dit que quand Tristan quitta Bloanor et revint aux pavillons de ses compagnons, ceux-ci lui firent grande fête. Ils lui demandent comment il va; et il répond qu'il va bien, qu'il a délivré le roi de son appel. Tous en rendent grâce à notre Seigneur. Puis ils lui demandent s'il est grièvement blessé.

« Oui, fait-il, mais ce n'est pas à mort. »

Comme ils sont réjouis à cette nouvelle! Alors ils lui enlèvent ses armes. Et puis le roi descend de son cheval, prend Tristan dans ses bras et l'embrasse :

— Vous avez tant fait pour moi que je suis tout vôtre. Mais pour Dieu, dites-moi, êtes-vous bien blessé?

— Aucun danger grave, dit Tristan, si j'ai un bon médecin.

— Médecin, dit le roi, vous aurez à votre désir.

Alors il fait venir un médecin plein d'expérience qui prit soin de Tristan et le remit sur pied en peu de temps.

Tristan parle avec le roi et lui dit :

— Sire, tenez vos promesses, comme j'ai tenu les miennes envers vous.

— C'est vrai, dit le roi, demandez et vous obtiendrez, si c'est une chose que je puisse vous donner.

— Sire, répond Tristan, grand merci. Mais, dites-moi, où voulez-vous aller?

— Certes, répond le roi, si vous étiez guéri, je

m'en irais en Irlande et je vous prierais de venir avec moi, vous et vos compagnons.

— Sire, dit Tristan, puisqu'il vous plaît, je vous l'accorde.

Alors Tristan demande aux mariniers si le vent est bon.

— Sire, font-ils, oui. Nous n'attendons plus que le commandement du roi et le vôtre.

— Par ma foi, dit Tristan, allons. Car je ne suis pas tellement blessé que je ne puisse supporter le travail de la mer.

Et le roi de se réjouir de cette parole, car il désirait fort d'être en Irlande.

Ainsi ceux d'Irlande et de Cornouailles prennent la mer. Ainsi se réconcilient entre eux ceux qui étaient de mortels ennemis. Et tant cinglent qu'ils touchent l'Irlande, arrivent devant un château où était la reine Iseut. Avec quelle joie on les reçoit! Car ceux d'Irlande fêtent grandement leur seigneur, en particulier la reine Iseut et sa fille.

— Dame, fait le roi, ne rendez grâce de mon retour qu'à Dieu, et à Tristan que voici. Mais sachez que s'il n'avait pas été en Irlande, jamais je n'aurais pu retourner ici. Car il était un redoutable preux, celui qui m'avait accusé de trahison. Et sachez que j'eusse été couvert de honte, si je n'avais pu lui opposer le corps de Tristan qui, si franchement, reconnut les bontés que j'ai pu avoir jadis envers lui. C'est lui qui a combattu Bloanor pour me délivrer de l'accusation de trahison. Et, n'eût été la grande valeur qui remplit Tristan, comme vous le savez, il était mort et moi détruit; puisqu'il a tant fait pour nous, et que nous l'avons parmi nous, ne pensons qu'à le servir et à l'honorer en retour de la bonté qu'il nous a faite.

— Sire, dit la reine, et tous les autres d'une seule voix, comme nous en sommes priés, nous voulons désormais que ceux du royaume d'Ir-

lande et ceux de Cornouailles soient des amis,
réconciliés les uns avec les autres.

Alors la joie et la fête furent grandes que l'on
fit à Tristan et ses compagnons.

Ainsi Tristan demeure avec Iseut qui le guérit
de ses plaies jusqu'à ce qu'il fût valide et léger. Et
quand Tristan fut guéri, et qu'il vit la beauté
d'Iseut (elle était si belle que, de près et de loin, il
n'était parlé que de sa beauté), son courage fut
bien ébranlé et des pensers divers l'agitèrent. Il
se dit qu'il la demandera pour lui et non pour un
autre; car, s'il l'a, il possédera la plus belle femme
du monde, et elle aura le plus beau des chevaliers, un des meilleurs du monde. Puis Tristan
pense qu'il va commettre bien plus grande trahison envers son oncle, car il a promis, devant
maints prudhommes, de la lui ramener; il en sera
pour toujours honni, et il préfère garder son honneur et la lui laisser plutôt qu'encourir la honte,
et posséder Iseut.

Un jour que le roi était venu dans son palais,
Tristan se présenta devant lui et ses nobles et
brillants compagnons, disant :

— Roi, je veux que vous me remettiez mon
don.

— Certes, dit le roi, c'est justice; demandez et
vous l'aurez.

— Sire, répond Tristan, grand merci. Sire, donnez-moi Iseut votre fille. Et sachez que je ne la
demande pas pour moi, mais pour le roi Marc,
mon oncle, qui veut l'avoir pour femme et la fera
reine du royaume de Cornouailles.

Le roi lui répond :

— Tristan, vous avez tant fait pour moi que
vous avez bien mérité Iseut. Je vous la remets,
pour vous ou pour votre oncle. Il sera fait suivant
votre volonté, car tel est mon plaisir.

Le roi fait venir Iseut et la lui donne par la
main, disant :

— Vous pouvez l'emmener quand vous voudrez, car je vous sens si loyal chevalier que jamais vous n'en ferez rien qui tourne à vilenie.

Ainsi Tristan reçut la demoiselle pour le roi Marc, son oncle.

Alors commence là-bas une fête aussi grande que si Dieu fût descendu sur cette terre. Ceux d'Irlande se réjouissent, car il semble que par ce mariage la paix sera faite entre eux et ceux de Cornouailles. Et ceux de Cornouailles se réjouissent pareillement, car leur besogne est achevée sans dommage, et ils sont honorés et servis là où on les haïssait le plus.

LE BOIRE AMOUREUX

Quand Tristan eut bien tout préparé, le roi lui baille Iseut et plusieurs demoiselles avec elle pour lui tenir compagnie. Et sachez qu'Iseut quitta l'Irlande bien garnie de robes et de joyaux, en sorte qu'il apparut à tous qu'elle était venue de haut lieu. Le roi et la reine pleurent à son départ.

La reine appelle Brangien et Gouvernal et leur dit :

« Voici un vase d'argent rempli d'un merveilleux boire que j'ai composé de mes mains. Quand le roi Marc sera couché avec Iseut la première nuit, donnez cette boisson au roi Marc, puis après à Iseut, et jetez le reste. Et gardez-vous bien que nul autre n'en boive, car un grand malheur en pourrait advenir. Ce boire est appelé le « boire amoureux ». Sitôt que le roi Marc en aura bu, et ma fille après lui, ils s'aimeront l'un et l'autre si merveilleusement que nul ne pourra mettre la discorde entre eux. Et je l'ai fait pour eux deux; prenez bien garde à ce qu'aucun autre n'en boive. »

Brangien et Gouvernal lui dirent qu'ils y prendront bien garde.

Maintenant c'est le départ; Tristan et sa compagnie entrent dans la mer et s'en vont à grand-joie. Trois jours ils eurent bon vent. Le quatrième,

Tristan jouait aux échecs avec Iseut. La chaleur était accablante. Tristan qui a soif demande du vin. Gouvernal et Brangien vont pour lui en chercher, et ils trouvent le « boire amoureux » entre les autres nombreuses tasses d'argent. S'ils se trompent, c'est bien par mégarde! Mais Brangien a pris la coupe d'or et Gouvernal y verse le boire qui était comme du vin clair. En vérité c'était du vin, mais du vin mélangé avec d'autres choses. Et Tristan boit la coupe toute pleine, et commande qu'on donne de ce vin à Iseut. On lui passe la coupe. Et Iseut boit. Ah! Dieu, quelle boisson!

Ainsi ils sont entrés dans la route qui jamais ne leur manquera, jour de leur vie, car ils ont bu leur destruction et leur mort. Que cette boisson leur a semblé bonne et douce! mais jamais douceur ne fut achetée à ce prix. Leurs cœurs changent et muent. Car sitôt qu'ils eurent bu, l'un regarda l'autre, tout ébahi. Ils pensent à autre chose qu'ils faisaient devant. Tristan pense à Iseut, Iseut pense à Tristan; et voilà bien oublié le roi Marc!

Car Tristan ne songe plus qu'à avoir l'amour d'Iseut, et Iseut ne pense plus qu'a avoir l'amour de Tristan. Et tel est l'accord de leurs cœurs qu'ils s'aimeront toute la vie. Si Tristan l'aime d'amour, Iseut le veut bien, car en plus beau ni meilleur elle ne pourrait placer son amour. Si Tristan aime Iseut, il le veut bien, car à plus belle il n'aurait pu donner son cœur. Il est très beau; elle est très belle. Il est gentilhomme, elle est issue de haut lignage; ainsi ils peuvent bien s'accorder ensemble, de beauté et de race. Que le roi Marc cherche une autre reine, car Iseut veut avoir Tristan, et Tristan Iseut! Et ils se regardent tant dans les yeux que chacun connaît la volonté de l'autre. Tristan sait bien qu'Iseut l'aime de tout son cœur, et Iseut sait bien que Tristan ne la hait pas. Il est tout joyeux de cette aventure, et elle en est toute joyeuse. Il dit qu'il est le plus heureux chevalier qui fût jamais, car il est aimé de la plus belle demoiselle qui soit au monde.

Quand ils eurent bu le « boire amoureux » dont je vous ai fait le conte, Gouvernal, qui reconnaît tout à coup le vase, est bien ébahi; il est si dolent qu'il voudrait être mort. Car il sait maintenant que Tristan aime Iseut, et Iseut aime Tristan; et il sait bien que lui et Brangien seront chargés de cette faute. Alors il appelle Brangien et lui dit qu'ils se sont trompés.

— Comment? fait Brangien.

— Par ma foi, répond Gouvernal, nous avons donné à Tristan et à Iseut à boire du « boire amoureux », et il convient maintenant que par force ils s'aiment l'un et l'autre.

Alors il lui montre la tasse où était le boire.

Et quand Brangien voit que c'est la vérité, elle dit en pleurant :

— Qu'avons-nous fait? de cette chose il ne peut venir que du mal.

— Déjà nous le souffrons, répond Gouvernal, et nous verrons bien à quelle fin ceci viendra.

Ainsi Gouvernal et Brangien demeurent en tristesse; mais ceux-là qui ont bu le « boire amoureux » sont en joie. Tristan regarde Iseut, s'en éprend si durement qu'il ne désire qu'Iseut; et Iseut ne désire que Tristan. Tristan lui découvre son cœur; il dit qu'il l'aime plus que tout au monde. Et Iseut lui dit qu'il en est ainsi pour elle.

Que vous dirai-je? Tristan voit qu'Iseut est d'accord pour faire toute sa volonté. Ils sont tout seuls, l'un et l'autre. Il fait d'elle ce qu'il veut et lui enlève ce nom de pucelle. Ainsi, comme je vous le conte, Tristan tomba dans l'amour d'Iseut, si bien que depuis jamais ne s'en départit, ni autre n'aima et ne connut. Et par ce boire qu'il but, il eut depuis tant de douleurs et de chagrins que jamais nul chevalier ne souffrit tant d'amoureuses peines, comme endura Tristan.

Gouvernal demande à Brangien ce qu'elle

pense de Tristan et d'Iseut. Elle lui dit qu'il lui semblait bien qu'ils avaient été ensemble :

— Et Tristan a, sans doute, dépucelé Iseut; je les ai vus coucher ensemble. Le roi Marc va la honnir quand il ne la trouvera pas telle qu'elle devrait être. Il la fera détruire, et nous avec elle, qui en avions la garde.

— Soyez sans crainte, dit Gouvernal; puisqu'il en est ainsi, je saurai bien l'éviter. Car sachez que je ferai tant que nous ne soyons blâmés.

— Dieu le veuille! dit Brangien.

Tristan et Iseut ignorent tout de ce projet; ils mènent bonne vie et joyeuse; ils s'aiment tant mutuellement qu'ils ne voient pas comment ils se pourraient quitter un seul jour.

Ainsi ils vont tout droit vers la Cornouailles. Mais ils y seraient arrivés plus tôt si une tempête ne s'était levée.

BRANGIEN SUBSTITUÉE

Or, suivant le conte, quand Tristan fut entré en la mer et fut parti du Chastel des Pleurs, il nagea tant qu'il vint à Tintagel, où était le roi Marc : on lui annonce que Tristan, son neveu, est arrivé et qu'il amène Iseut.

Quand le roi l'apprit, il fut si courroucé que jamais il ne voulut le voir. Et cependant il fit semblant d'être joyeux, et il commanda qu'on allât à sa rencontre. Les barons s'avancent, se rendent vers Tristan et le reçoivent à grand-joie. Le roi Marc embrasse Tristan ainsi que ses compagnons.

Tristan vient au palais et prenant Iseut par la main :

— Roi Marc, voici Iseut que vous me demandâtes en ce palais. Je vous la donne.

— Tristan, dit-il, grand merci. Vous avez tant fait que tout le monde doit vous louer.

Et le roi Marc, pour la grande beauté qu'il voit en Iseut, déclare qu'il veut l'épouser. Lors il fit savoir à tous ses barons qu'ils vinssent à la fête à Tintagel, car il voulait prendre Iseut pour épouse et la couronner reine du royaume de Cornouailles. De partout barons, dames et demoiselles s'y rendirent au jour que le roi épousa Iseut. Grande fut la joie, grande la fête que firent les gens de Cornouailles.

Tristan appelle Gouvernal et Brangien et leur dit :

— Que ferons-nous? Vous savez bien ce qu'il en est, de moi et d'Iseut? Si le roi ne la trouve pas pucelle, il va la faire détruire. Et moi je tuerai le roi et je me tuerai après, si vous n'y mettez conseil.

Brangien répond qu'elle y mettra tout le conseil qu'elle pourra.

— Par ma foi, dit Gouvernal, je vais vous dire ce que vous ferez. Quand le roi sera couché, vous éteindrez les cierges, et vous irez vous coucher auprès du roi, et Iseut sera auprès du lit. Et quand le roi aura fait de vous ce qu'il veut, vous sortirez du lit. Alors Iseut y entrera.

Brangien dit qu'elle fera ce qu'ils veulent, pour les sauver, ainsi que sa dame. Et la fête fut grande, comme je vous l'ai conté. La nuit vint. Le roi alla se coucher. Quand il est couché, Tristan éteint les cierges et Brangien se couche auprès du roi. Iseut demeure auprès du lit.

— Pourquoi, dit le roi, avez-vous éteint les cierges?

— Sire, répond Tristan, c'est la coutume d'Irlande, et la mère d'Iseut me recommanda de l'observer; quand un gentilhomme couche avec une pucelle, on éteint les cierges.

Alors Tristan et Gouvernal sortirent de la chambre. Et le roi prit Brangien et la trouva pucelle; puis il s'en alla de dessus elle. Et Brangien sortit du lit et Iseut y entra. Au matin le roi se leva et manda Tristan. Le roi lui dit :

— Certes, Tristan, vous m'avez bien gardé Iseut. C'est pourquoi je vous établis mon chambellan et je veux que vous soyez maître en mon hôtel. Et, après moi, je vous octroie la seigneurie de Cornouailles.

Et Tristan le remercie.

BRANGIEN DANS LA FORÊT

Comme le roi Marc aime de grand amour Iseut!
— qui ne l'aime pas, car elle aime Tristan de
toutes ses forces. Et si elle fait fête au roi, ce n'est
que pour qu'il ne se garde ni d'elle ni de Tristan,
ce n'est que pour celer leurs amours!

Iseut ne redoute que Brangien, qui peut la
découvrir; et elle pense que si elle était morte elle
ne craindrait plus rien de personne. C'est pourquoi elle fait appeler deux serfs qu'elle avait ame-
nés d'Irlande et leur dit :

— Menez-moi Brangien en cette forêt et
tuez-la, car elle a fait une chose qui me déplaît.
Elle a couché avec le roi.

Ils disent qu'ils lui obéiront.

Alors la reine appelle Brangien :

— Allez en cette forêt avec ces valets et cueillez
pour moi des herbes.

— Dame, répond Brangien, volontiers.

Brangien et les deux serfs s'en vont en la forêt.
Et quand ils sont arrivés au plus profond des
bois, l'un d'eux dit :

— Brangien, qu'avez-vous fait à Iseut qui veut
vous faire tuer?

Alors ils lèvent leurs épées sur Brangien.

Et quand elle les voit, elle a peur :

— Seigneurs, que Dieu m'aide! Jamais en rien
je ne lui ai fait de mal, sauf que, lorsque ma dame

Iseut partit d'Irlande, elle avait une fleur de lis qu'elle devait offrir au roi Marc, et une de ses demoiselles en avait une autre. Ma dame avait perdu sa fleur, ce qui lui aurait réservé un mauvais accueil, quand la demoiselle lui présenta de par moi la sienne, et par là sauva ma dame. Je crois que c'est pour cette bonté qu'elle veut me faire mourir, car je n'y vois pas d'autre motif! Pour Dieu, s'il vous plaît, ne me tuez pas et je vous promets loyalement que j'irai en tel lieu où ma dame, ni vous, n'entendrez jamais plus parler de moi!·

Les serfs eurent pitié d'elle et l'attachèrent à un arbre, la laissant avec les bêtes sauvages; et ils trempèrent leurs épées dans le sang d'une bête qu'ils prirent. Ainsi ils s'en retournèrent vers Iseut.

Et quand elle les vit, elle leur demanda si Brangien était morte.

— Oui, dame, répondirent les serfs.

— Et qu'a-t-elle dit, en mourant? fait Iseut.

— Dame, rien, sinon telles paroles.

Alors ils lui rapportent ce que je vous ai devisé plus haut.

Et quand la reine les entend, elle est si désolée qu'elle ne sait plus quoi dire. Elle voudrait avoir donné tout ce qu'elle possède au monde pour que Brangien ne soit pas morte. La reine parle à ses serfs : « Combien me pèse sa·mort! Retournez là-bas et apportez-moi son corps. »

Les serfs s'en retournèrent, mais ne la trouvèrent pas.

TRISTAN SOUS LE LAURIER

Tristan parle avec la reine Iseut quand il peut, mais ce n'est pas souvent, car elle est trop bien gardée. Audret la surveille de tout son pouvoir; il a juré au roi Marc que si Tristan vient vers la reine, il le tuera, s'il le peut, et qu'il n'y manquera pas. Et le roi lui dit que de rien il ne lui saura si bon gré comme de mettre Tristan à mort, s'il y vient. Que vous dirai-je? Le roi voit bien à la contenance de Tristan envers Iseut, quand il se rend à table, et à la sienne aussi, qu'ils s'aiment toujours aussi follement. Et certes ils s'aimaient l'un et l'autre si durement qu'ils n'avaient jamais été aussi brûlants, aussi remplis du désir l'un de l'autre. Le roi Marc en est à ce point irrité qu'il étouffe de colère. Il hait Tristan si mortellement qu'il ne peut plus le voir; et s'il était en sa puissance de le faire mourir, volontiers il le ferait. Mais il ne voit pas comment il pourrait facilement y arriver, car Tristan est trop bon chevalier et preux.

Tristan se réjouit et s'amuse; il est plus gai que jamais, car onques la dame n'est si bien gardée qu'il ne parvienne à parler avec elle. Le roi s'en doute bien, et il est si dolent qu'il voudrait être mort. Si quelqu'un me demandait où Tristan et Iseut parlaient ensemble, puisque la tour était si bien gardée que Tristan n'y pouvait venir qu'à grand-peine, je dirais qu'ils venaient l'un vers l'autre dans un jardin situé sous la tour.

C'était un beau et grand jardin planté de beaucoup d'arbres de diverses espèces. Il y avait entre autres un laurier, si grand et touffu, qu'en toute la Cornouailles on n'aurait su trouver plus bel arbre. Et dessous cet arbre, la place était large; les deux amants y venaient souvent quand il faisait nuit et que les gens se reposaient. Là ils parlaient ensemble et faisaient bien ce qu'ils voulaient.

Audret qui se doutait de la chose, et qui si délibérément pourchassait la mort de Tristan, s'en aperçut plus vite que nul autre. Il sut donc qu'ils se retrouvaient en ce jardin, sous l'arbre. Il vient au roi et le lui rapporte. Et le roi est bien dolent de ces nouvelles. Il ne sait ce qu'il doit faire, car il craint trop durement d'attaquer Tristan pour la bonne chevalerie qui est en lui. Et sur la reine Iseut il ne mettrait la main en nulle manière, car elle n'aime pas ses mains. Audret lui dit toutefois :

— Sire, que convient-il de faire?

— Or remettez-vous-en à moi, car je crois bien venir à mes fins par moi-même, et de telle façon que mon honneur sera sauf...

Un soir, Marc monte sur le laurier, armé d'un arc et de flèches, décidé à tuer Tristan. Tristan arrive le premier au rendez-vous. Mais grâce à la clarté de la lune, il voit et reconnaît Marc sur l'arbre. Iseut arrive à son tour. Elle aussi reconnaît le roi. Alors elle adresse ces paroles à Tristan :

— Messire Tristan, fait Iseut, qu'y a-t-il pour votre plaisir? Vous m'avez demandé, ce m'est avis, de venir vous parler. Certes, j'ai fait grand-hardiesse puisque je suis venue, bien que vous sachiez vraiment que si le roi Marc l'apprenait, il me ferait honnir, car il penserait plutôt que j'y fusse venue pour mal que pour bien. Il y a assez longtemps que les mauvaises langues de Cornouailles lui donnent à entendre que je vous aime de fol amour, et vous de même. Je vous aime, c'est vrai; je vous aimerai toute ma vie, comme bonne dame peut aimer un chevalier prud'homme, selon Dieu et selon l'honneur de son mari. Dieu le sait bien, et vous-même le savez, comment je vous ai aimé selon Dieu ; car jamais vous n'avez commis le péché avec moi, ni moi avec vous.

— Dame, fait-il, vous dites certes la vérité; toujours vous m'avez porté honneur (soyez remerciée) et vous m'avez plus fait de bien que n'en ai mérité. Et de l'honneur que vous m'avez jusqu'ici porté, vous n'avez eu que mauvaise récompense; car des gens, méchants et déloyaux, laissaient entendre à mon oncle ce que je ne faisais pas, ce que je ne ferais pas pour la moitié du royaume de Logres. Dieu le sait bien, qui tout sait et connaît, que je n'eus jamais la pensée de vous aimer de fol amour, et n'y penserai jamais, s'il plaît à Dieu! Car, bien à contre-cœur m'accueillerait le roi Marc, mon oncle.

— Certes, fait-elle, si vous m'aimiez si follement, comme il le croit, vous seriez le plus déloyal chevalier du monde.

— Dame, vous dites bien vrai; que le Dieu très haut me garde de le faire et d'y penser!

— Or dites-moi, pourquoi, Tristan, m'avez-vous demandé de venir parler cette nuit avec vous?

— Dame, fait-il, je vais vous le dire. En vérité, quand nous partîmes du royaume de Logres, mon oncle et moi, il m'assura que, quoi qu'il arrive entre nous deux, il n'aurait jamais rancœur ni mauvaise volonté contre moi, et il voulut oublier tout mauvais désir. Or on vient de me rapporter de nouveau qu'il va me poursuivre jusqu'à la mort, et c'est pourquoi je vous ai mandée de bon cœur, suivant Dieu et suivant raison. Et pour ce, si vous savez que le roi me haïsse si mortellement que l'on dit, je vous prie, que vous me le fassiez connaître. Alors je serai sur mes gardes et quitterai ce pays. Car j'aimerais mieux être hors de Cornouailles tous les jours de ma vie que de tuer le roi, mon oncle, par aventure.

La reine est toute joyeuse quand elle entend ces paroles. Car elle connaît bien, d'après ce que messire Tristan lui a dit, qu'il s'est aperçu que le roi est sur l'arbre.

Elle aussi parle, comme il convient, disant :

— Messire Tristan, je ne sais que répondre à ce que vous me demandez. Vous me dites que l'on vous a rapporté que le roi Marc pourchasse votre mort de tout son pouvoir. Certes, de tout cela je ne sais rien. S'il vous veut du mal, et s'il vous hait, ce n'est pas étonnant, car les traîtres de Cornouailles, qui portent envie à celui que vous tenez pour le meilleur chevalier du monde, vous haïssent si mortellement qu'ils ne disent jamais de vous que du mal : ainsi le roi vous hait mortellement, comme je le crois. Voilà grand péché et grande douleur; et s'il savait la vérité de vous et de votre amour, comme Dieu le sait et comme nous le savons nous-mêmes, il vous aimerait sur tous les hommes du monde, et moi sur toutes les dames du siècle. Mais il n'en va pas ainsi. Il vous hait; et moi de même, non que vous le méritiez, mais il plaît ainsi à mon seigneur.

— Dame, fait messire Tristan, cette haine me pèse bien durement, vu surtout que je ne l'ai pas méritée.

— Certes, répond la reine, elle est pour moi aussi de grand poids. Mais puisqu'il n'en peut être autrement, il me faut bien l'endurer, suivre la volonté du roi et la destinée que Dieu m'a accordée.

— Dame, fait messire Tristan, puisque vous me dites que le roi me hait mortellement, je m'en irai de Cornouailles au royaume de Logres.

— Ne partez pas, dit-elle, demeurez encore! Il

peut arriver que le roi ait meilleure opinion de vous qu'il n'a eue jusqu'à présent et il vous épargnera son courroux. Car ce serait grand-honte si vous quittiez si tôt cette terre; et les traîtres de Cornouailles diraient que vous vous en êtes allé par peur et par manque de cœur. Pendant ce temps, Dieu vous enverra meilleur conseil que vous n'avez eu.

— Dame, dit-il, y reviendrai-je encore?

— Certes, fait-elle, par mon honneur.

Ainsi se termine l'entrevue.

Tristan quitte la reine et retourne en son hôtel, bien heureux de la manière dont ils ont pu se rencontrer sous les yeux du roi Marc. Car le roi Marc ne pensera pas autant de mal, comme il le faisait auparavant; la reine sera moins gardée, Tristan, mieux aimé du roi Marc, et les traîtres auront moins de crédit.

Pourquoi ne mènerait-il pas un jour la reine Iseut hors de Cornouailles? La reine y consentirait bien. Et voilà une pensée qui le réconforte.

Quand la reine a quitté Tristan, elle va dans sa chambre et trouve Brangien qui l'attendait. Toutes les autres demoiselles étaient endormies, car elles ignoraient tout.

— Brangien! Brangien! dit Iseut, vous ne savez pas ce qui nous est advenu? Sachez que la plus belle aventure qui jamais arriva à une femme m'est cette nuit arrivée, et au roi Marc aussi.

— Dame, pour Dieu, répond Brangien, dites-la-moi.

— Je vous dis, fait la reine, que le roi Marc vint nous épier de cette manière. Il nous arriva, Dieu merci! de l'apercevoir; et nous changeâmes notre attitude et nos paroles.

Iseut lui conte de quelle manière :

— En telle guise nous en partîmes, qui je suis bien certaine que le roi Marc n'a plus maintenant aucun méchant projet sur nous deux, mais qu'il sait mauvais gré à ceux qui jadis lui parlèrent.

Vous allez voir Audret mal en cour. Le roi Marc ne lui voudra jamais aucun bien, mais le haïra de tout son cœur. Le beau Tristan sera mis en avant et Audret, en arrière. Bénie soit l'heure où le roi Marc est venu cette nuit, car elle nous fera demeurer en joie un bon moment!

Grande est la joie, grande la fête que la reine mène avec Tristan et Brangien. Enfin vient le roi.

Et quand la reine l'entend venir, elle se couche et fait semblant de dormir.

AUDRET MAL EN COUR

Le lendemain, le roi se lève assez matin et va entendre la messe en sa chapelle; après, il revient en son palais. Dès qu'il voit Audret , il le mène en une chambre; et Audret lui dit aussitôt :

— Sire, que vous semble de Tristan et de la reine?

— Il me semble, dit le roi, que j'ai si bien vu, que je connais maintenant la vérité; et vous êtes le plus déloyal chevalier, le pire traître qui fut jamais en Cornouailles. Vous me donniez à entendre, vous me disiez que Tristan, mon neveu, me honnissait avec ma femme : c'est le plus grand mensonge du monde! Si Iseut fait si bon visage à Tristan et l'honore, elle le fait non par l'amour qu'elle aurait pour lui, mais principalement pour Dieu, pour la courtoisie et la bonne chevalerie qui est en mon neveu. J'ai si bien vu ce qui était entre eux que j'aimerai toujours Iseut et Tristan, mon neveu, et que je vous détesterai pour la déloyauté que vous m'avez faite. Tristan est le plus loyal chevalier que je connaisse, le meilleur qui soit au monde, chacun le sait; et vous, vous êtes le plus déloyal chevalier de toute la Cornouailles! C'est pourquoi je vous dis, sur tout ce que je tiens de Dieu et de la chevalerie, que si vous ne m'apparteniez par la chair, je vous ferais honnir et publierais au son du cor votre honte et je prendrais rançon de vous. Allez-vous-en de mon château, car il ne me plaît pas de vous mander de n'y plus paraître!

A cette nouvelle, qu'Audret soit bien dolent et irrité, ce n'est pas à demander! Le roi lui ordonne de s'en aller. Ce qu'il fait, car il n'ose plus demeurer, et il redoute beaucoup le roi.

Par contre Marc fait mander Tristan; et il vient bien content et joyeux, car il pense qu'il va apprendre nouvelles qui sont pour lui plaire. Le roi lui parle devant tous ceux de son hôtel et il s'exprime si haut que tous peuvent l'entendre :

— Tristan, beau neveu, que vous dirai-je? Je croyais vraiment que vous étiez un traître, que vous cherchiez à me honnir de la chose que j'aime le plus après mon corps. Mais j'ai éprouvé votre loyauté de telle manière que je sais vraiment que vous m'aimiez en toute amitié, que vous avez gardé mon honneur en tout point, que sont des menteurs ceux qui m'entretenaient de votre déloyauté. Je leur veux du mal et leur en voudrai toute ma vie; car, suivant leur conseil, je vous ai fait maint déshonneur, ce dont je me repens bien fort; à un si bon chevalier, tel que vous, nul ne devrait jamais faire déshonneur pour quelque aventure au monde! Et puisque je l'ai fait, par mon peu de sens et pour mon péché, je vous en demande pardon, et je vous prie de dire vous-même comment je pourrai m'en acquitter en la manière que vous voudrez.

A ces paroles répond Tristan, disant :

— Sire, quand vous reconnaissez que la honte que vous m'avez imposée parfois, vous ne l'avez pas fait de vous-même, mais à l'incitation des traîtres de Cornouailles qui vous disaient des mensonges à mon propos, je vous le pardonne volontiers devant tous les prudhommes qui sont ici, mais de telle manière que vous m'assuriez, comme roi, que vous ne me poursuivrez pas une autre fois, que vous ne souffrirez que l'on me fasse tort, vous le sachant.

Et le roi lui en donne loyalement sa parole.

Ainsi Marc est réconcilié avec Tristan, et Tristan avec lui. Tous les prudhommes de Cornouailles mènent grand-joie et liesse. Les traîtres sont bien dolents et confus, mais les prudhommes très joyeux. Tristan a tout ce qu'il veut, puisqu'il peut parler avec sa dame à toutes les heures qu'il lui plaît. Il ne trouve plus aucun empêchement, ni rien qui le contrarie. Le voilà seigneur et maître du roi Marc et de la reine Iseut, et il est si redouté en Cornouailles que tous font ce qu'il commande. Les traîtres meurent d'envie et de rage; ils sont si irrités qu'ils ne savent plus que dire. Audret demeure si mal avec le roi qu'il n'ose venir à sa cour, et il ne trouve qui l'appelle. Tristan est au comble de sa joie, ainsi qu'Iseut. Et tout ce qu'ils font plaît au roi. Car il a tant confiance en Tristan qu'il ne veut que lui pour garder Iseut.

Ainsi ont joie et soulas les deux amants, et toute bonne aventure! Jamais personne n'a été plus heureux. Lorsqu'ils se rappellent les maux et les peines que chacun a soufferts, et qu'ils se voient maintenant réunis, pouvant faire leur volonté entière, ils pensent qu'ils seraient bien heureux s'ils pouvaient toujours vivre ainsi, mener telle joie et fête. Et ils tiendraient bien Notre Seigneur quitte de son paradis pour vivre une telle vie!

LA VENGEANCE D'AUDRET

Audret, qui voulait du mal à Tristan et à la reine, et qui si volontiers les eût surpris ensemble, fit faire des pièges armés de faux. Il les plaça, la nuit, devant le lit de la reine, afin que si Tristan venait il se fît une telle marque que le roi le reconnaîtrait. Tristan et Audret gardaient la chambre de la reine. Mais Tristan ne se méfiait pas d'Audret qui avait préparé ce piège. Or le roi Marc était fatigué et couchait dans une autre chambre.

Une nuit, quand Tristan vit qu'Audret était endormi, il se leva doucement, alla dans le lit de la reine et se blessa sur les faux, se faisant à la jambe une large plaie. Il commence à saigner très fort; mais il se couche près de la reine et n'y prend pas garde. Et la reine, qui sent que les draps sont mouillés, pense que Tristan s'est blessé : « Ah! fait-elle, Tristan, allez vous mettre dans votre lit, car je sais bien que nous sommes épiés. » Tristan s'en va si doucement qu'Audret ne s'aperçoit de rien, et il ligature sa plaie. Et la reine descend de son lit et se prend dans les faux si bien qu'elle aussi se blesse. Alors elle s'écrie : « A l'aide, à l'aide! Brangien, je suis blessée! »

Les demoiselles sortent et allument les torches; elles trouvent les faux et disent qu'on les a mises après qu'elles se furent endormies : « Tristan et

Audret, vous qui gardez la chambre, vous voulez donc tuer notre dame? Honni soit le roi, s'il ne vous fait détruire! » Tristan dit qu'il ne sait rien; ainsi répond Audret. Mais le roi survient et demande à Iseut qui a fait cela. « Sire, je l'ignore; mais je sais bien que Tristan ou Audret veulent me tuer, et je vous prie de me venger. » Le roi fait semblant d'en être courroucé. « Sire, dit Tristan, si vous disiez que c'est l'un de nous deux, je vous répondrais que ce n'est pas moi; et si Audret prétendait que ce n'est pas lui, je le laisserais ou mort ou vaincu! »

Quand le roi Marc voit que Tristan veut s'en prendre à Audret, qui avait agi sur son conseil, il lui dit : « Tristan, la guerre entre vous deux n'est pas ce qui convient. Laissons tout cela et sachons la vérité. »

Ainsi fut faite la trahison des faux.

Iseut demeura longtemps malade de cette blessure, et Audret s'aperçut bien que Tristan s'était, lui aussi, blessé sur les faux : il fit tant que le roi le sut. Ainsi Marc prit en haine Tristan plus que devant, et il commanda à Audret de le surprendre avec la reine : « Car si on peut le saisir, je le détruirai! »

« Sire, dit Audret, je vous dirai comment il sera découvert. Défendez-lui d'entrer dans la chambre de la reine, et il sera bientôt pris... »

Alors le roi défend que nul soit assez hardi pour entrer de nuit dans la chambre de la reine, si ce n'est dame ou servante; et si quelqu'un y est trouvé, il sera mis à mort. Mais Tristan dit que, malgré toutes les défenses, il ira. Et la reine lui mande souvent d'être sur ses gardes : « Car je ne crains pas que le roi me fasse du mal, tant que vous vivrez; il sait trop bien, s'il me mettait à mort, que sa vie serait courte. Ainsi je vous prie pour Dieu, doux ami, d'être sur vos gardes. » Mais Tristan est plus disposé à obéir à l'amour qu'au roi.

Audret, qui ne voulait que du mal à Tristan, manda aux chevaliers qui le haïssaient de venir aussitôt qu'il le leur commanderait. Il y avait là une demoiselle, du nom de Basile, qui avait jadis recherché l'amour de Tristan : mais il l'avait traitée de folle; aussi elle le détestait mortellement. Elle dit à Audret :

— Audret, puisque Tristan n'est pas dans les chambres, il ne peut être que dans le jardin, et il lui faudra monter sur tel arbre et passer par telle fenêtre pour entrer dans la chambre de la reine.

— Je le crois également, répond Audret, or sachez que s'il vient, il sera pris.

— On verra bien ce que vous ferez, fait-elle, car s'il vous échappe, le roi ne vous aimera plus.

Cette nuit-là, Audret mit en la chambre, vers le jardin, vingt chevaliers qui tous détestaient Tristan à mort; Audret fut aussi avec eux et leur dit :

— Seigneurs, laissez-le aller sans crainte jusqu'au lit de la reine; et quand il sera endormi, une demoiselle viendra vous chercher. Prenez garde qu'il ne vous échappe!

— Certes, font-ils, il ne nous échappera pas!

La lune luisait clair, ce qui ne favorisait pas Tristan. Longtemps il demeura au jardin, s'assurant que nul ne le voyait; et il n'avait pas son armure, portant seulement son épée. Or, quand il jugea que tous dormaient, il monta dans l'arbre, sauta sur la fenêtre de la chambre, si bien que tous ceux qui l'épiaient l'aperçurent distinctement. Mais Tristan ne les vit pas. Il va au lit de la reine qu'il trouve endormie et l'éveille; Iseut le reçoit à grand-joie.

Mais comme Tristan était avec la reine, Brangien vient à lui, disant :

— Levez-vous : vingt chevaliers vous guettent en bas vers le jardin.

— Certes, fait Tristan, ils s'en repentiront.

— Ah! Tristan! soupire Iseut, il me semble que vous êtes un homme mort.

— N'ayez crainte, dame, je leur échapperai, s'il plaît à Dieu!

Alors Tristan se lève, va dans la chambre où étaient ceux qui s'apprêtaient à foncer sur lui. Il en frappe un à la tête et l'abat mort, se jette au milieu d'eux, disant : « Gloutons! vous êtes venus pour votre malheur. Voici Tristan qui va vous mettre en tristesse! » Tristan en frappe un autre mortellement. Et quand ils voient cela, ils éprouvent une telle terreur de Tristan qu'à plusieurs les épées tombent des mains.

Et Tristan en frappe encore un autre, lui découpe l'épaule gauche qui tombe à terre. Puis il retourne en son hôtel, conte à ses compagnons comment il a été épié, comment il s'est échappé.

— Sire, dit Gouvernal, j'ai grand-peur pour vous.

— Maître, répond Tristan, n'ayez crainte. Car ceux qui veulent mon malheur sont ceux-là qui mourront avant moi, s'il est en mon pouvoir!

Ainsi échappe à la mort Tristan. Ses compagnons mènent joie; mais le deuil fut grand le lendemain au palais de ceux qui avaient eu des amis tués. Et le roi, quand il voit leurs corps, pense en lui-même que Tristan serait vraiment prud'homme, s'il n'avait commis de trahison envers lui. « Ah! Iseut, dit-il, je le ferai détruire; mais en le perdant, j'en serai honni moi-même! » Alors Marc regagne sa chambre et commence à regretter Tristan. Et faisant venir Audret devant lui, il lui demande comment Tristan désarmé avait pu échapper, tandis que tous portaient leurs armes.

— Seigneur, dit Audret, par sa prouesse qui est sans égale.

— Certes, fait le roi, il convient qu'il soit pris et que vous y mettiez votre peine.

— Sire, répondit-il, je ferai tout ce qui est en mon pouvoir.

Et l'on enterra les chevaliers morts.

Alors le roi alla vers la reine et lui dit : « Dame,

vous ne cherchez que ma honte et mon dommage. Mais votre beauté sera cause de votre mort et de celle de Tristan. Sa perte sera de plus de conséquence que la vôtre! »

La reine ne dit mot. Le roi retourna en sa chambre et fait mettre la reine dans la tour, afin qu'elle ne puisse voir Tristan. Elle en est si dolente qu'elle ne désire plus que la mort.

LA CHAMBRE D'ISEUT

Mais on fit savoir à Tristan que la reine était enfermée dans la tour, et que nul ne pouvait lui parler sans le commandement du roi. Tristan en est tout désolé et dit qu'il n'aura plus jamais une joie. Ainsi il commence à mener grand deuil : « Hélas! je suis mort et honni, quand j'ai perdu ma dame! Hé, Amour, pourquoi me mets-tu en douleur quand les autres sont en joie? » Or Tristan est si durement accablé qu'il en perd le boire et le manger. Il ne veut plus aller à la cour, puisqu'il ne voit plus Iseut. Et il empire à ce point que ses compagnons disent qu'il va mourir.

Quand le roi sut que Tristan était malade, il le vint voir et se prit à pleurer, disant :

— Beau neveu Tristan, c'est pour votre malheur que vous avez donné votre cœur à l'amour, car je sais bien que vous en mourrez. Et certes jamais un tel dommage n'arrivera en Cornouailles comparable à votre mort.

— Sire, dit Tristan, si je meurs d'amour, le dommage ne sera pas grand : Absalon en mourut, Salomon en fut déçu, et Samson le fort aussi. Achille, qui fut plus prisé en chevalerie que moi-même, en fut victime; Fabius aussi, le très bon chevalier, et Merlin le Sage. Et si j'en meurs, ce me sera grand honneur d'être en compagnie de tant de prudhommes. Et si je trépasse, mon corps ne restera pas en Cornouailles.

— Et où donc ira-t-il? fait le roi.

— Je veux, répond Tristan, qu'il soit porté en l'hôtel du roi Arthur devant la Table ronde, car là est la fleur des chevaliers; et j'ai tant désiré d'être leur compagnon que je le serai du moins à ma mort, puisqu'en ma vie je n'ai pu l'être. Sans doute me feront-ils honneur et me placeront-ils en quelque lieu de la table, moins pour ma valeur que pour leur courtoisie! Puis il ajouta : « Ah! Tristan, pourquoi es-tu né puisque tu n'as pas eu un seul jour de bonheur, sauf celui où tu tuas le Morhoult. Encore aurait-il mieux valu pour toi mourir ce jour-là, car tu n'aurais pas souffert les douleurs que tu souffres. Ah! Mort, viens voir Tristan et finis ses douleurs! »

Mais le roi Marc ne peut en entendre davantage. Il prend congé de lui et s'en va. Et toujours il se dit qu'il sera honni quand il aura perdu Tristan.

Or sachez que si Tristan souffre une telle douleur pour Iseut, Iseut en souffre bien autant ou plus pour Tristan. Et quand elle a entendu dire que Tristan se meurt, elle déclare qu'elle se tuera.

Alors elle dit à Brangien :

— Je me suis avisée comment Tristan pourra venir ici vers moi. Vous irez à lui et vous me l'amènerez vêtu d'une robe de demoiselle; et vous direz que c'est une demoiselle d'Irlande qui a affaire à moi.

— Dame, répond Brangien, volontiers.

Alors elle se rend à la maison de Tristan, le salue de la part de sa dame qui lui demande de venir lui parler, vêtu comme une demoiselle. Quand Tristan entend cette nouvelle, il est si joyeux qu'il ne sent plus ni mal ni douleur; il embrasse Brangien, la prend dans ses bras et s'écrie :

— Brangien, je vous livre Tristan sain et sauf; sain et sauf vous le rendrez.

— Sire, répond Brangien, volontiers.

Sur ce, Tristan s'en va avec Brangien, vêtu comme une demoiselle. Mais Tristan avait son épée sous son manteau. Et ils passent devant le roi qui ne reconnaît pas Tristan.

Ainsi ils vont jusqu'en la tour où était la chambre de la reine; ils y entrent et ferment l'huis sur eux.

Quelle merveilleuse joie la reine fit à Tristan, qui avec elle y demeura trois jours! Mais au quatrième, Basile trouva dans une chambre Tristan dormant et n'osa pas le réveiller : car elle eut peur qu'il ne la tuât, si Audret survenait. Mais Basile dit à Audret :

— Ami, Tristan est là-haut; il dort. On va bien voir ce que vous allez faire.

— Sur ma tête, dit Audret, il ne partira pas d'ici sans que je lui fasse honte!

LE SAUT DE TRISTAN

Alors Audret vient vers ceux qui haïssaient Tristan et parle avec eux; ils disent qu'ils sont prêts. Et quand ce fut fait, Audret dit à la demoiselle de venir le chercher quand le moment serait venu.

Cinquante chevaliers et Audret s'en vont vers la tour; ils s'introduisent par la porte.

La demoiselle est venue vers Audret.

— Sire, accourez, dit-elle, car Tristan dort avec la reine.

— Messeigneurs, fait Audret, puisqu'il dort, il ne peut plus nous échapper.

Alors ils allument de grandes torches de cire, et vont vers le lit de la reine. Ils y trouvent Tristan qui dormait en braies et en chemise. Un des chevaliers dit à Audret :

— Voulez-vous que je le tue tandis qu'il dort?

— Non, dit Audret, car le roi veut qu'on le lui amène vivant.

Alors ils s'en emparent, lui lient les mains et les pieds, disant : « Tristan, vous êtes pris. Vous en serez honni et la reine détruite! »

Quand Tristan voit qu'il est saisi et trahi de la sorte, il répond bien dolent. Et les chevaliers disent qu'ils le livreront demain au roi, ainsi qu'Iseut. Iseut pleure très tendrement si Tristan est merveilleusement en colère.

Le lendemain Audret vint devers le roi et lui dit :

— Sire, nous avons pris Tristan avec Iseut.

— Comment les trouvâtes-vous?

Audret le lui raconta.

— Au nom de Dieu! dit le roi, la honte est sur moi. Puissé-je jamais ne porter la couronne, si je n'en prends vengeance! Allez et amenez-les-moi!

Ainsi fut fait.

Quand les quatre compagnons de Tristan l'apprennent, ils vont trouver Gouvernal et lui apportent les nouvelles concernant Tristan. Gouvernal en est tout dolent. Alors ils conviennent de s'embusquer dans une brousse, près du lieu où l'on détruit les malfaiteurs. Si on y mène Tristan, il lui porteront secours, ou ils mourront. Ils s'arment, ainsi que Gouvernal, et vont se cacher dans les buissons.

On amène Tristan et la reine devant le roi

« Tristan, dit le roi, je ne voulais pour toi qu'honneur, et tu voulais ma honte. Si je te fais aujourd'hui déshonneur, nul ne doit m'en blâmer; mais cette fois, je te tiens et jamais plus, à moi, ni à autre, tu ne feras de mal. »

Alors le roi commande que l'on dresse un feu, sur la marine, et qu'on y brûle Tristan et Iseut.

« Ah! Sire, font ceux de Cornouailles, vengez-vous de la reine autrement qu'en la brûlant! Livrez-la aux lépreux. Elle en aura plus de tourment que si elle était dans le feu; que Tristan seul soit brûlé! »

Le roi déclare qu'il le veut bien.

Le bûcher est allumé près du lieu où étaient les quatre compagnons. Le roi commande à Audret de faire brûler Tristan et de livrer la reine aux lépreux; il répond qu'il le fera volontiers. Audret confie Tristan à dix coquins, Iseut à dix autres garçons.

Quand le roi voit emmener Tristan et Iseut, il est triste au point de ne pouvoir les regarder; et il rentre dans sa chambre pour assouvir son deuil. Il pense : « Or je suis le roi le plus vil, le plus chétif qui fut jamais, quand je fais détruire mon neveu Tristan de la sorte, lui qui, en chevalerie, avait surpassé tous ceux du monde, et ma femme, qui en beauté surpassait toutes celles du monde! » Alors il maudit Audret, et tous ceux qui l'ont conseillé, car il aurait mieux valu qu'il l'eût que les lépreux! Ainsi se lamentait le roi.

On amène Tristan et Iseut. Et le peuple, qui voyait conduire Tristan à la mort, s'écrie :

« Ah! Tristan, si le roi pouvait se souvenir de l'angoisse que tu souffris contre le Morhoult pour la franchise de Cornouailles, il ne te ferait pas mettre à mort, mais il t'honorerait et te tiendrait cher! »

Et Tristan fut mené jusqu'à une vieille église qui était sur la marine. Il la regarde et pense que Dieu lui donnerait bien conseil s'il était dedans. Alors il fait tant qu'il se délie, rompt ses liens et les cordes dont il était chargé, saute sur un des coquins qui le tenait et qui avait une épée; il la lui enlève, lui coupe la tête et l'homme tombe mort. Quand les autres voient Tristan délié, et qu'il tient une épée, ils n'osent demeurer; ils s'enfuient et l'abandonnent. Et Tristan saute dans l'église, grimpe à une fenêtre du côté de la mer; et là il voit le flot brisant à quarante toises. Alors il pense qu'il n'a cure des mauvais chevaliers de Cornouailles, car il se laissera tomber dans la mer pour mourir devant eux.

Mais voici Audret qui a avec lui vingt chevaliers; il lui crie :

— Ah! Tristan, rien à faire, vous ne pouvez vous échapper.

— Certes, répond Tristan, glouton, si je meurs ce ne sera pas de la main de gens vils comme vous êtes! Mais je me laisserai tomber dans la mer!

Alors ils se retournent vers lui, leurs épées nues

à la main. Et Tristan frappe l'un et l'abat mort. Et les autres accourent de toutes parts.

Tristan voit bien qu'il ne pourra tenir, car il est tout nu, et les autres ont leurs armures. Il se lance dans la mer par la fenêtre de l'église. Et ceux qui le voient, pensent qu'il s'est noyé.

Ce saut peut bien être appelé le *Saut Tristan*.

LA MAISON DES LÉPREUX

De leur côté les garçons conduisent Iseut à la maison des lépreux. Et la reine dit à Audret :

« Ah! pour Dieu, tuez-moi avant de me livrer à gens si vils; ou prêtez-moi votre épée et je me tuerai! »

Mais les lépreux prennent maintenant Iseut et l'emmènent de vive force. Audret s'en va. Or il y avait là une des demoiselles de la reine. Quand elle vit sa dame livrée aux lépreux, par peur de la mort, elle s'enfuit droit vers les broussailles où étaient les quatre compagnons et Gouvernal. Et quand Gouvernal la voit venir, il dit : « Dame, n'ayez pas peur. » Reconnaissant Gouvernal, la demoiselle est rassurée et l'implore :

— Ah! Gouvernal, ma dame est livrée aux lépreux. Pour Dieu, secourez-la!

— Et de Tristan, demande-t-il, savez-vous quelques nouvelles?

— Aucune.

Quand les quatre compagnons apprennent les nouvelles de la reine, ils disent à Gouvernal :

— Allez vite et secourez la reine

— Volontiers, répondit Gouvernal.

— Demoiselle, fait-il, menez-moi où elle est.

Et la demoiselle les conduit jusqu'au lieu où est Iseut. Alors Gouvernal prend la reine, la fait passer devant lui, la ramène jusqu'aux buissons avec ses quatre compagnons.

— Dame, interrogent les compagnons, sauriez-vous nous dire nouvelles de Tristan?

— Certes, fait-elle, je le vis entrer dans une vieille église, et il s'est laissé choir en la mer par une fenêtre. Je crois qu'il se sera noyé.

A cette nouvelle ils commencent à mener grand deuil.

— Pour Dieu, dit Gouvernal, sachons si nous pourrons retrouver son corps, nous le porterons en l'hôtel du roi Arthur, devant la Table ronde. Car il a demandé maintes fois que, s'il mourait, on l'y portât.

Ils disent qu'ils le feront volontiers.

— Je vais vous dévoiler, fait Gouvernal, ce que nous allons faire. Lambergues et Drians demeureront ici pour garder la reine. Et moi, Fergus et Nicorant, nous irons à la chapelle chercher Tristan.

Tous sont d'accord.

Ainsi les uns s'en vont à la chapelle, et les deux autres demeurent avec la reine Iseut.

Quand ils sont venus à la chapelle, ils regardent à la fenêtre par où a sauté Tristan; ils voient la hauteur, la mer merveilleusement profonde, et ils disent qu'il est impossible qu'il ait échappé celui qui a fait le saut. Or, tandis qu'ils regardent, ils aperçoivent Tristan sur une petite roche, tenant à la main l'épée qu'il avait arrachée au coquin.

— Au nom de Dieu, dit Fergus, je vois Tristan sain et sauf.

— Par mon chef, fait Nicorant, moi aussi. Comment pourrons-nous l'avoir? Nous ne pouvons aller vers lui, et lui vers nous, que par la mer.

Alors Fergus lui crie :

— Sire, comment aller vers vous?

Et quand Tristan les voit, il est bien joyeux et il leur fait signe de se diriger par la droite, vers la roche. Lui se met à nager et il vient vers ses compagnons. Et ceux-ci descendent, l'embrassent, lui demandent comment il va :

— Bien, fait-il, Dieu merci! Mais donnez-moi des nouvelles d'Iseut.

— N'en doutez pas, Sire, nous vous la rendrons saine et sauve.

— Puisque je l'aurai, je n'ai plus nul mal, conclut Tristan.

Alors il monte sur le roncin de Gouvernal; et Gouvernal monte derrière un de ses compagnons. Ainsi ils chevauchent tant qu'ils viennent là où était Iseut qui menait grand deuil pour Tristan. Car elle croyait bien l'avoir perdu. Et quand elle le voit, si elle est joyeuse, ce n'est pas une question!

La reine demande à Trisan s'il est sain et en bon point.

— Dame, dit Tristan, oui, Dieu merci, quand je vous vois saine et en bon point. Car dès lors rien ne saurait m'accabler. Et puisque Dieu nous a rassemblés, nous ne nous quitterons jamais plus.

— Certes, répond Iseut, voilà qui me plaît; car j'aime mieux avec vous êtes pauvre que riche sans vous.

Et grande joie ont-ils de ce que Dieu les a réunis.

Ainsi Tristan et Iseut échappèrent à la mort.

LA FORÊT DE MOROIS

— Dites-moi, fait Tristan à ses compagnons, savez-vous où nous pourrions aujourd'hui loger?

— Oui, répondent-ils. Il y a, près d'ici, la maison d'un forestier; si nous pouvions arriver jusque-là, volontiers il nous hébergera.

— C'est vrai, dit Tristan, je la connais bien.

Ils montent à cheval et s'en vont jusqu'à la maison du forestier, qui bien débonnairement les reçut. Et sitôt qu'il entendit Tristan, qui lui avait fait mainte bonté, il lui montra grande joie et dit :

— Sire, je suis entièrement vôtre, moi et tout ce que j'ai, et je vous servirai contre tous ceux de Cornouailles qui voulaient vous mettre à mort.

— Demeurez tranquille, dit Tristan, ils auront à s'en repentir, s'ils le peuvent. Car sachez bien que je ne partirai pas d'ici sans m'être vengé.

Cette nuit-là, ils furent très richement servis. Et le forestier donna à Tristan des vêtements, à Iseut robes et palefrois, ce dont Tristan lui sut bon gré.

Et sachez que la forêt où ils étaient s'appelait la forêt de Morois, la plus grande forêt de Cornouailles. Quand ils furent demeurés là autant qu'il plut à Tristan, ils prirent congé du forestier et s'en allèrent.

Tristan chevauche tout pensif. Et quand il eut bien réfléchi, il dit à la reine Iseut :

— Dame, que ferons-nous? Si je vous mène au royaume de Logres, je serai appelé traître, et vous, reine déloyale; et si je vous mène en Loonois, tout le monde me blâmera disant que je tiens la femme de mon oncle.

— Tristan, répondit Iseut, agissez à votre volonté, car je ferai tout ce qu'il vous plaira.

— Dame, ajouta Tristan, je vais vous dire. Il y a près d'ici un manoir qui fut à la « sage demoiselle »; et si nous étions là, moi et vous, Gouvernal et votre demoiselle, nous n'aurions garde que nul nous ravît notre plaisir. Et si nous y avons été, il y a un an ou deux, ç'aurait été le conseil de Dieu!

— Ah! Tristan, comme nous serons perdus là-bas, sans voir personne, ni chevalier, ni dame, ni demoiselle!

— Certes, dit Tristan, puisque je vous verrai je n'ai besoin de voir dame, ni demoiselle, ni autre personne que vous. Car pour vous je désire laisser le monde, et je veux que nous demeurions en la forêt!

— Sire, répondit Iseut, j'accomplirai votre commandement.

Tristan, Gouvernal, Iseut et sa demoiselle chevauchent tant qu'ils arrivent au château dont ils avaient parlé. C'est un beau château qu'un damoiseau de Cornouailles avait fait édifier pour une demoiselle qu'il aimait, et ils l'avaient habité jusqu'à leur mort. La demoiselle savait beaucoup d'enchantements. Quand ses amis les cherchaient et qu'ils venaient devant le château, ils ne pouvaient voir ni le château ni eux-mêmes, et cependant ils leur parlaient.

Quand Tristan et Iseut sont arrivés, Tristan demande à Iseut ce qu'elle pense de l'endroit :

— Certes, répond Iseut, il est beau; puissions-nous jamais n'en partir!

— Oui, ma dame, ajoute Tristan, il y fait beau; car voici les fontaines, et nous aurons tous les jours assez de venaison. Et Gouvernal ira chercher pour nous les autres choses.

Ainsi Tristan demeure en la forêt de Morois, lui et Iseut, Gouvernal et la demoiselle qui était appelée Lamide. Et Tristan dit à Gouvernal que s'il pouvait avoir Passebreul, son cheval, et Hudent, son chien, il ne demanderait rien de plus.

— Au nom de Dieu, fait Gouvernal, j'irai vers le roi Marc, et je lui dirai de vous les envoyer.

— Allez-y bientôt, répond Tristan.

Gouvernal monte à cheval et fait si bien qu'il vint à Norhoult, où il trouva le roi Marc très courroucé de ce que Tristan et Iseut lui avaient échappé. Car il craint fort Tristan, comme ceux de Cornouailles, qui savent bien que si Tristan en tient un, il le mettra à mort.

Quand Gouvernal fut venu devant le roi, il lui dit, sans le saluer :

— Roi Marc, Tristan demande que tu lui envoies Passebreul, son cheval, et Hudent, son chien.

Le roi répond :

— Volontiers.

Et il les lui fait bailler. Marc demande où est Tristan; mais Gouvernal répond qu'il ne le lui dira pas.

Alors Gouvernal quitte le roi et il chemine tant qu'il revient vers son seigneur Tristan. Quand Tristan le voit, il est tout joyeux.

Alors Tristan commence à chasser, et il passe son temps à tuer les bêtes. Ainsi Tristan trouve son plaisir à la chasse et en la compagnie d'Iseut; il passe sa vie de telle manière qu'il ne lui souvient plus de rien. C'est là que Tristan apprit à son chien à chasser sans aboyer, afin de ne pas attirer l'attention des espions.

Le roi Marc savait bien que Tristan était dans la forêt de Morois, mais il ne savait pas où. Aussi n'osait-il aller dans la forêt sans avoir avec lui au moins vingt chevaliers armés. Il arriva une fois que le roi Marc chevauchait à travers la forêt de Morois, avec une grande suite de gens, déclarant que s'ils ne retrouvait pas Iseut, il mourrait; et il dit qu'il voudrait avoir donné la moitié de son royaume pour qu'elle fût avec lui et qu'il ne la perdît jamais plus. Or il advint qu'il rencontra quatre petits bergers auprès d'une fontaine : il leur demanda s'ils savaient quelque chose d'un homme qui demeurait en la forêt et chevauchait un grand cheval fauve. Et les enfants, sans penser à mal, lui disent :

— Sire, demandez-vous Tristan, le neveu du roi Marc?

— Oui, fait le roi.

— Il demeure en la maison de la « sage demoiselle », font-ils, et il a avec lui une dame, une demoiselle et un écuyer.

Le roi demande à ses gens si quelqu'un d'entre eux connaissait le manoir.

— Sire, répondent-ils, oui.

— Allons-y donc, fait le roi.

Alors ils s'en vont au manoir. Tristan n'y était justement pas, ni Gouvernal. Et le roi commande à ses gens d'y entrer, de lui amener Iseut, et que si Tristan veut la défendre, ils le tuent. Ils y pénètrent, et trouvent Iseut avec une seule demoiselle. Ils s'en emparent et les amènent au roi. Mais Iseut s'écrie :

— Ah! Tristan! à l'aide! à l'aide!

— Dame, Tristan ne peut plus vous aider!

Ainsi ils la livrent au roi.

Quand le roi la tient, il dit :

— Allons-nous-en, car j'ai maintenant ce que je désirais. Or cherche Tristan une autre Iseut, car celle-ci, il ne l'aura pas!

Alors ils s'en retournent et tant chevauchent qu'ils arrivent à Norhoult.

Le roi fait habiller Iseut le mieux qu'il peut et il la fait mettre dans sa tour. Il la flatte et caresse de tout son pouvoir, mais bien inutilement, car s'il lui donnait le monde, elle n'aurait aucune joie puisqu'elle n'a pas Tristan. Alors le roi fait crier par toute la Cornouailles qu'à celui qui pourra lui livrer Tristan, mort ou vif, il donnera la meilleure cité de son royaume. Après ce ban, ceux de Cornouailles s'assemblent. çà vingt, çà trente, çà quarante, pour aller chercher Tristan. Et ils se disent qu'il n'a avec lui que Gouvernal.

Tristan savait bien qu'ils le recherchaient, et volontiers il aurait marché au-devant d'eux, s'il avait été en santé. Mais le jour où il perdit Iseut, il lui était arrivé de s'endormir auprès d'une haie, et Gouvernal n'était pas avec lui. Un valet portant arc et sagettes survint. Et quand il aperçut Tristan, il le reconnut et dit : « Tristan, tu as tué mon père, mais je vais te venger maintenant! » Toutefois il pense que s'il le tue, tandis qu'il dort, ce sera trahison. Il se dit qu'il l'éveillera, et quand il sera réveillé, il le frappera de deux ou trois sagettes. Le valet s'écrie : « Tristan, vous êtes un homme mort! »

Tristan s'éveille et fait un bond quand il entend qu'on l'appelle. Comme il se lève, le valet le frappe d'une flèche empoisonnée. Mais Tristan court sur lui, le prend par le bras, le heurte si durement contre la roche qu'il lui fait sauter la cervelle. Tristan retire la flèche de son bras, pensant n'avoir aucun mal. Mais il ne va pas loin sans voir son bras tout enflé. Alors il connaît que la flèche était empoisonnée; mais peu lui importe : Iseut saura si vite le guérir! Il revient vers Gouvernal, là où il l'avait laissé, lui raconte ce qui lui est arrivé. Et ils montent à cheval et vont vers leur demeure. Mais, comme ils y entrent, ils n'y trouvent personne.

« Ah! Dieu, fait Tristan, j'ai perdu Iseut! Le roi l'a emmenée, sans doute. Je veux mourir, puisque jamais je n'aurai plus de joie! »

Ils cherchent partout Iseut. Mais ils ne la retrouvent pas, et demeurent bien tristes. Tristan est si déconforté qu'il dit que si on ne lui en faisait pas reproche, il se supprimerait; car il a bien mérité la mort pour avoir laissé Iseut toute seule, sans défense.

Que cette nuit fut pour lui douloureuse! Or le lendemain, dès qu'il fait jour, Tristan regarde son bras qui était plus gros que sa cuisse, et il est tout épouvanté.

— Sire, dit Gouvernal, vous êtes en péril de mort, si vous n'avez bientôt conseil.

— Certes, fait Tristan, mais je ne sais où l'avoir, puisque j'ai perdu Iseut!

— Au nom de Dieu! réplique Gouvernal, si vous le voulez j'irai lui parler.

— Oui, fait Tristan, et je vous accompagnerai jusqu'à l'orée du bois.

Ils montent à cheval et chevauchent jusqu'à la sortie de la forêt; et ils trouvent une demoiselle qui était à Iseut, parente de Brangien. Tristan la salue; quand elle le reconnaît elle commence à pleurer. Tristan lui demande des nouvelles d'Iseut. Et la demoiselle lui dit que le roi l'a enfermée dans la tour, où elle fut autrefois, si bien que nul ne peut lui parler.

— Ah! Dieu! fait Tristan, mais que ferai-je? Je suis blessé, comme vous le voyez, et ne connais pouvant me donner conseil.

— Certes, sire, je ne sais, puisque Iseut nous manque. Mais si vous pouvez causer avec Brangien, elle vous conseillera bien. Attendez-moi et je vais la faire venir ici.

— Ah! dit Tristan, grand merci.

Alors la demoiselle quitte Tristan et chemine tant qu'elle arrive à la cour où elle rapporte à Brangien ce que Tristan lui demande. Quand Brangien l'entend, elle monte à cheval, quitte la cour, rejoint Tristan. Ils la reçoivent à bien grand-joie.

LA FILLE DU ROI HOËL

Et quand Brangien voit Tristan si blessé, elle dit :

— Ah! sire, vous êtes mort, si vous n'avez conseil. Et ce ne peut être ici, car vous avez failli à ma dame.

— Ah! Dieu, fait Tristan, je vais donc mourir pour bien futile cause.

— Non, répond Brangien. Je vous dirai ce que vous allez faire. Vous irez en la Petite-Bretagne, en l'hôtel du roi Hoël, qui a une fille nommée Iseut aux Blanches Mains. Elle sait si bien la médecine qu'elle vous aura bientôt guéri.

Quand Tristan entend le nom d'Iseut, il est très heureux; il lui semble qu'il est déjà guéri.

— Brangien, fait-il, puisque vous me le conseillez, j'irai là. Or, je vous prie de saluer ma dame, quand vous la verrez; et dites-lui que je suis Tristan le chétif.

Alors ils se quittent bien tristes.

Tristan chevauche tant qu'il arrive en la Petite-Bretagne, à un château appelé Habugue. Là il trouve le roi Hoël qui ordonnait de fermer le château à cause d'un sien voisin qui lui faisait la guerre et se nommait Agrippe. Tristan rencontre le roi devant sa porte et le salue; et le roi de même. Hoël lui demande qui il est.

— Sire, fait-il, je suis un chevalier étranger,

malade et blessé grièvement, et l'on m'a dit que vous avez une fille qui me guérirait vite, si tel est son plaisir.

Le roi regarde Tristan, un bien bel homme, s'il avait la santé, et si bien taillé qu'il pense qu'ils serait bon prudhomme, s'il était guéri. Il dit à Tristan :

— Certes, sire chevalier, je ne sais qui vous êtes; mais je vous donnerai volontiers ma fille pour vous soigner et la prierai de vouloir bien vous guérir.

— Sire, grand merci, répond Tristan.

Alors le roi fait venir Iseut et lui dit :

— Fille, voici un chevalier étranger au pays qui est malade. Je vous prie de prendre la peine de le guérir, comme vous le feriez pour moi.

— Sire, fait-elle, bien volontiers, puisque c'est votre plaisir.

Elle prend alors Tristan et le conduit dans sa chambre. Quand elle a examiné son bras, elle dit qu'il y a du venin : « Mais ne vous effrayez pas, car bien vite je vous guérirai, s'il plaît à Dieu. » Alors elle va chercher et met sur la plaie tout ce qui convient, si bien que Tristan s'améliore en peu de temps et guérit, retrouvant force et beauté.

Or Tristan regarde cette Iseut; il l'aime déjà fort et pense que, s'il pouvait l'avoir, il la prendrait volontiers et oublierait l'autre Iseut. Car Tristan songe qu'il pourrait oublier l'autre Iseut pour bien des motifs, et d'abord parce qu'il l'a eue contre droit et raison : et, si on le savait, qui ne le tiendrait pour un mauvais homme et un traître? Ainsi il conclut qu'il vaudrait mieux qu'il prît cette Iseut et laissât l'autre.

Or cette Iseut, qui ne se doutait de rien, se donne tant de peine pour Tristan qu'elle le guérit. Et quand il voit qu'il peut porter ses armes, il se réjouit, joue et rit. Et tous ceux qui l'aperçoivent disent :

« Certes, si celui-là n'est pas bon prudhomme, il doit bien haïr son beau corps. »

Car il était si beau de toutes beautés qu'Iseut, qui n'avait jamais aimé, en devient comme folle et ne pense qu'à lui.

Cette Iseut avait un frère, beau chevalier, preux et vigoureux, nommé Kaherdin. Dans toute la Petite-Bretagne il n'était de chevalier de plus grand renom. C'est lui qui soutenait la guerre, plus que son père ne le faisait; et s'il n'avait été là, la guerre eût été terminée depuis longtemps!

Quand Tristan fut guéri, le roi Hoël fit son rassemblement contre le comte Agrippe. Mais le roi Hoël fut déconfit, et il perdit la plupart de ses gens et de ses chevaliers. Kaherdin fut blessé, et même on pensait qu'il avait été touché à mort, car on l'avait transporté sur son écu. Alors le roi fit fermer les portes. Iseut, qui voit son frère blessé, se donne bien de la peine pour le guérir. Le comte Agrippe assiège la ville et range dix batailles; dans chacune, il y a cinq cents hommes. Les deux premières batailles se placent devant la cité, et les huit autres occupent un bois près de là. Ceux de la ville ferment les portes et ils montent aux créneaux pour la défendre.

Le roi vient vers son fils et commence à pleurer :

— Ah! mon fils, si le comte n'avait pas su que vous étiez blessé, il n'entreprendrait rien aujourd'hui contre nous! Beau fils, vous étiez mon espérance pour terminer la guerre, mais en vous perdant je suis sûr de perdre ma terre!

Quand Gouvernal voit le deuil du roi, il dit :

— Ah! roi, ne perds pas courage, car Dieu t'enverra secours. Tu as près de toi le meilleur chevalier qui soit au monde.

— Comment? fait le roi; je ne sache point qu'il y ait en ce pays un si bon chevalier tel que Kaherdin, mon fils?

— Par ma foi, réplique Gouvernal, il y en a un qui vaut deux fois mieux que lui.

— Ah! fait le roi, pour Dieu, dites-moi, qui est-il?

— Je vous le dirai, répond Gouvernal, mais tenez bien la chose secrète, car je vous assure que je ne puis le découvrir.

— Je vous promets, fait le roi, que jamais je ne le découvrirai.

— Eh bien! fait Gouvernal, c'est le chevalier mon maître. Son nom je ne vous le dirai pas; mais je vous affirme en vérité qu'il est le meilleur chevalier du monde; et s'il se trouvait là et sortait, avec un peu d'aide, il aurait bientôt déconfit tous ceux qui vous combattent.

— Ah! Dieu, dit le roi, me voilà donc délivré puisque j'ai céans tel chevalier! Certes, je demanderai son aide.

— Sire, fait Gouvernal, vous n'aurez pas à regretter de l'en requérir.

Alors le roi Hoël demande où était le chevalier étranger. On lui dit qu'il était allé sous les murs.

« Allez bien vite le chercher », ordonne le roi.

Ainsi font-ils.

Tristan regardait ceux de la cité qui n'osaient pas sortir, et il se montrait tout enragé. « Bon Dieu, fait-il, qu'il y a longtemps que je ne portai les armes! J'ai perdu mon temps pour l'amour d'Iseut, et Iseut pour l'amour de moi. Eh! Lancelot du Lac, si vous aviez été là, vous seriez sorti, vous! Car vous fîtes plus belle prouesse quand vous livrâtes la bataille aux hommes de Galehaut et les mîtes à la merci du roi Arthur... »

Alors Tristan descendit par une autre voie, en sorte que ceux qui le cherchaient ne le trouvèrent pas. Quand il est arrivé dans la chambre où il couche, il appelle Gouvernal et lui dit :

— Or çà, mes armes! Je veux montrer à tous ceux qui sont dehors comment je sais manier la lance et l'épée!

Gouvernal les lui apporte. Et Tristan monte à cheval.

Et Gouvernal vient au roi Hoël et lui dit :

— Sire, faites prendre les armes à vos gens, car monseigneur veut sortir, et il veut que personne ne le sache.

— Par mon chef, dit le roi, il sera bien secouru!

Or le roi fait crier aux armes et sonner trompes et buccines. Et quand les sonneries sont faites, tous ceux qui peuvent porter les armes se rassemblent devant le palais. Le roi met ses gens en ordre et fait ouvrir les portes.

Tristan, qui était déjà sorti, prend son glaive, court sur un neveu du comte Agrippe, qui se nommait Alguins, et le frappe si durement qu'il lui traverse le corps de son glaive. Et puis il se dirige sur un groupe de chevaliers qu'il voit venir, se place au milieu d'eux comme un loup au milieu des brebis. Ainsi il commence à trancher chevaliers et chevaux, écus de cou, heaumes de tête, et fait tant que tous le contemplent émerveillés. Et tous crient au roi : « Pour Dieu, portez secsours à si bon chevalier, et ne le laissez pas mourir! » Alors le roi sort avec ses gens, les rassemble contre ses ennemis. Mais comme la lune apparaît entre les étoiles, tel est Tristan parmi les autres chevaliers. Car seul il a abattu l'orgueil du comte Agrippe et il a tant fait que nul n'ose l'attendre. Il porte la déroute parmi les hommes du comte. Il frappe sur eux, en tue un grand nombre : tel un loup fait des brebis.

Le roi Hoël suivait Tristan de près pour contempler les merveilles qu'il accomplissait. Alors le roi dit à un chevalier :

— Que vous semble de notre chevalier étranger?

— Ma foi, Sire, jamais on ne vit sur cette terre un si bon combattant. Je crois que c'est Lancelot du Lac, dont s'entretient le monde.

Alors s'élèvent grands cris et huées, car un

parent du roi Hoël venait de tuer le comte Agrippe. Et quand ses hommes voient qu'il est mort, ils prennent la fuite à qui mieux mieux, tout déconfits par l'aide de Tristan.

Ainsi le roi Hoël recouvra sa terre qu'il avait perdue et eut à sa merci tous ses ennemis.

LE CHEVALIER KAHERDIN

Après cette déconfiture, tous sont bien curieux de savoir qui est ce chevalier, quel est son nom. Et quand Iseut aux Blanches Mains entend partout sa louange, si elle l'aimait déjà, elle l'aime maintenant cent fois plus. Car cela la travaille qu'il passe temps volontiers avec elle; et elle croit comprendre qu'il l'aime. Mais Tristan ne le fait que pour sa beauté, et aussi à cause de son nom.

Il arriva une fois que le roi Hoël était assis devant sa table pour manger, et il aperçut Tristan plus enjoué qu'il ne l'avait jamais vu. Il lui dit :

— Sire, si tel était votre plaisir, vous pourriez bien me dire votre nom, car tous les gens de par ici désirent fort de le connaître.

Tristan se prend à sourire et répond :

— Sire, mon nom est Tristan, et je suis natif de Loonois, un homme de peu et de pauvre renommée.

Mais voici Kaherdin guéri, qui honore grandement Tristan pour sa bonne chevalerie. Un jour Kaherdin et Tristan chevauchaient côte à côte. Et Tristan commence à penser à la reine Iseut, si bien qu'il ne savait s'il dormait ou veillait. Kaherdin s'en aperçoit, mais il se garde de dire mot. Et Tristan rêve si bien qu'il pousse un grand soupir : « Ah! belle Iseut, tu m'as tué! »

Alors il glisse de dessus son cheval, tout pâmé, à terre.

Et quand il retrouve ses esprits, comme un homme qui sort d'un songe et s'éveille, il est tout honteux devant Kaherdin. Et Kaherdin lui dit :

— Il n'y a pas de bon sens de trop penser.

— Vous dites vrai, répond Tristan, mais l'homme qui a pour maître son cœur, ce n'est pas merveille si parfois il déraisonne.

— Sire, reprend Kaherdin, je vous vois penser plus que je ne le voudrais, et je crois bien que c'est pour une dame ou une demoiselle. Et s'il vous plaisait de me le dire, certes je vous promets que je vous aiderais de tout mon pouvoir, dussé-je mourir pour vous faire plaisir!

— Bien, répond Tristan, je vous le dirai. J'aime tant Iseut que j'en languis et meurs, comme vous avez pu le voir. Et si Iseut n'existait pas, je ne serais pas en cette terre! Ah! si vous vouliez me donner Iseut, quelle serait ma joie!

Quand Kaherdin l'entend, lui aussi est bien joyeux : il croit que Tristan parle de sa sœur Iseut, car d'une autre Iseut il n'avait jamais entendu parler, et il voudrait bien qu'il la prît pour femme; il est si vaillant chevalier qu'elle serait bien mariée, et ce serait un honneur pour toute la Petite-Bretagne.

Alors Kaherdin lui dit :

— Tristan, pourquoi me l'avez-vous caché si longtemps? Sachez bien que si j'avais su que vous la vouliez, vous n'auriez pas pour elle souffert tant de mal. De grand cœur je vous la donnerai dès que nous serons à la cour.

Tristan voit bien que Kaherdin veut lui bailler cette Iseut à laquelle il ne pensait pas, mais il ne peut guère la refuser : car il lui avait bien demandé Iseut; et, comme il ne peut se découvrir, il l'en remercie. Ainsi ils s'en retournent, et les voici arrivés à la cour.

Kaherdin va vers son père et lui raconte comment Tristan aime Iseut. Ce qu'apprenant, le roi Hoël se réjouit fort et dit :

— Je lui donnerai non seulement Iseut, mais encore moi et toi, et toute la Petite-Bretagne avec Iseut. Et, si le monde m'appartenait, je lui donnerais le monde, car il en est digne!

Alors le roi fait venir Iseut sa fille; il la donne à Tristan. Et Tristan la prend bien joyeusement.

Et sachez que si l'autre Iseut l'aime, celle-là l'aime cent fois plus. Ainsi Tristan épousa Iseut. Et furent les noces et la fête magnifiques.

La nuit vient que Tristan doit aller coucher avec Iseut. La pensée de l'autre Iseut lui défend de connaître une femme charnellement; mais de la prendre dans ses bras, de l'embrasser, elle ne le défend pas. Ainsi Tristan se couche auprès d'Iseut, nu à nu; et le luminaire brillait si clairement que Tristan pouvait bien voir la beauté d'Iseut. Elle avait la gorge tendre et blanche, les yeux noirs et riants, sourcils bruns et bien tracés, visage pur et limpide. Tristan l'embrasse et la prend dans ses bras. Mais quand il lui souvient d'Iseut de Cornouailles, il a perdu tout désir d'aller plus loin.

Cette Iseut est là, devant lui; mais l'autre qui est en Cornouailles, lui défend, aussi cher qu'il a son corps, de faire chose qui tourne à vilenie. Ainsi demeure Tristan avec Iseut, sa femme. Et elle, qui ne connaît d'autre plaisir que de le prendre dans ses bras, de l'embrasser, s'endort dans les bras de Tristan jusqu'au matin où les dames et les demoiselles viennent les voir.

Tristan se lève alors et va au palais. Quand le roi l'aperçoit, il va à sa rencontre et lui dit :

— Ami Tristan, vous avez tant fait que vous avez mérité le royaume de la Petite-Bretagne. Tenez, je vous le donne et vous en investis, en présence de tous ceux qui sont ici!

Et Tristan l'en remercie fort.

Gouvernal est tout joyeux, car il pense que pour cette Iseut, Tristan a oublié l'autre, et qu'il en a joui charnellement. Que vous dirai-je? Iseut aime Tristan de tout son cœur, et Tristan l'aime à cause de son nom et pour sa beauté. Et quand on demande à Iseut comment elle aime Tristan, elle répond qu'elle l'aime plus que tout au monde. C'est pourquoi on croyait qu'il avait couché charnellement avec elle.

Ainsi demeura Tristan avec Iseut aux Blanches Mains un an environ.

Or, dit le conte, lorsque le roi Marc eut recouvré Iseut la Blonde et l'eut mise en la tour, quand elle voit qu'elle a perdu Tristan qu'elle aimait sur toute créature au monde, elle a si grand deuil qu'elle commence à pleurer et à maudire l'heure et le jour de sa naissance. Elle empire tant, pour le grand deuil qu'elle mène, que tous ceux qui la voient s'en émerveillent. Le roi Marc, qui l'aimait plus que lui-même, en est si chagrin qu'il ne sait plus que dire. Il la caresse, comme il peut, pour lui faire oublier son deuil. Mais rien n'y fait; puisqu'elle n'a plus Tristan, rien ne peut la consoler. C'est sa mort, c'est sa vie, c'est sa joie et sa santé. Elle n'aura plus au monde, ni joie ni bien, puisque Tristan est perdu.

Brangien, qui l'aimait tant, la réconfortait, disant :

— Dame, pour Dieu, ayez pitié de vous-même; ne vous détruisez pas de la sorte; sachez que Tristan reviendra un jour; sachez que si le monde entier lui défendait de revenir, il reviendrait quand même, et vous trouveriez bien moyen de parler encore avec lui.

Ainsi Brangien consolait Iseut.

Mais un jour vinrent nouvelles en Cornouailles que Tristan avait épousé Iseut aux Blanches Mains.

Le roi Marc s'en réjouit fort, car il pense bien que Tristan ne reviendra jamais plus. Et la reine

Iseut, en apprenant ces nouvelles, est dolente au point de perdre le sens. Ces nouvelles l'ont tuée. Nul ne pourra plus la consoler. Elle dit qu'elle se tuera. Alors elle appelle Brangien :

— Ah! Brangien, vous l'avez entendu : Tristan que j'aimais plus que tout au monde, m'a trahie ainsi. Ah! Tristan, Tristan, Tristan! Comment avez-vous eu le cœur de trahir celle qui vous aimait plus qu'elle-même? Ah! Amour, traître, déloyal et faux, comme vous savez récompenser les services de ceux qui vous servent! Puisqu'il en est ainsi, et que je vois bien que tous excepté moi ont une joie de leur amour, j'en suis toute chétive et dolente, et je demande à Dieu de m'envoyer bientôt la mort...

LE CHATEAU DU ROI DINAS

Alors Tristan et ses compagnons prennent la mer et, le troisième jour, ils arrivent près de Tintagel. Là ils s'arment et gravissent la côte.

— Gouvernal, dit Tristan, où irons-nous?

— Sire, répondit-il, nous irons à un château, tout près, qui est à Dinas, et il nous fera grand-fête, si nous le trouvons.

Ainsi ils cheminent et font tant qu'ils arrivent au château.

Tristan reste dans le jardin, et Gouvernal va devant pour trouver Dinas, qui est tout joyeux de sa venue; il lui demande des nouvelles de Tristan.

— Le recevriez-vous volontiers? fait-il.

— Certes oui, car c'est le chevalier que j'aime le plus!

— Voudriez-vous le voir en ce château? demande Gouvernal.

— A l'aide de Dieu, répond Dinas, s'il y était et que le roi Marc fût là-dehors, avec son ost, j'aimerais mieux mourir que quelque mal arrivât à Tristan!

— Or sachez, fait Gouvernal, qu'il est en ce château.

— Ah! pour Dieu, répond Dinas, conduisez-moi vers lui!

Alors Gouvernal le mène au jardin où était Tristan.

124

Quand Dinas voit Tristan, il court le prendre dans ses bras et l'embrasse, et il le précède dans sa tour, disant :

— Tristan, ici vous pouvez demeurer tant qu'il vous plaira, car je remets en votre main mon corps et tout ce que je possède.

— Dinas, répond Tristan, grand merci. Vous m'avez fait beaucoup d'honneur : maintenant, je voudrais bien que ma dame sache que je suis là.

— Sire, réplique Dinas, vous resterez ici, et moi et Kaherdin nous irons à la cour et je parlerai à ma dame la reine.

— Vous dites bien, fait Tristan.

Et le lendemain, Dinas et Kaherdin allèrent à la cour. Le roi Marc reçut très honorablement Kaherdin, car il pensait qu'il était un chevalier errant. Mais dès que Kaherdin vit Iseut, il l'aima si fort que depuis son cœur ne la quitta jusqu'à la mort. Et Dinas dit à la reine que Tristan était venu. Et sachez qu'elle en eut beaucoup de joie.

LA FOLIE DE TRISTAN

Or dit le conte que Tristan et son neveu allaient un jour s'amuser sur la marine. Et Tristan se souvint de la reine Iseut son amie. Il dit :

— Hélas! amie douce, comment pourrai-je jamais vous parler sans être reconnu?

— Ah! Sire, pour Dieu, fait son neveu, ne vous tourmentez pas, et nous lui parlerons comme autrefois : car vous ressemblez plus à un fou, tondu comme vous l'êtes, et grâce à la plaie que vous avez eue au visage, qu'homme au monde.

— Me dis-tu la vérité? fait Tristan.

— Certainement, sire, répond le valet.

Alors Tristan et son neveu retournent à Carhaix.

Le lendemain, au matin, Tristan fait découper une gonelle dans une mauvaise bure, sans pointe et sans giron, mal faite et mal taillée; il prit cent sous sans que nul le sût. Et apercevant un vilain qui portait une grande massue à son col, Tristan va vers lui et la lui enlève. Puis il s'en va, le long de la mer, pieds nus, la masse au cou. Qu'il ressemble de la sorte à un fou!

Il arrive au port et trouve une nef : elle était à un bourgeois de Tintagel qui voulait retourner en son pays. Tristan prend ses deniers et commence à les jeter de tous côtés, à la manière des fous. Et quand les mariniers le virent, ils le firent monter en leur nef, et Tristan leur donna tous ses deniers.

Tant cingla la nef qu'ils arrivèrent sous Tintagel. Le roi Marc était venu jouer et se divertir au port. Tristan, qui a pris un fromage dans un tonneau, saute de la nef, sa massue au cou. Quand le roi le vit, il l'appela. Et Tristan accourut vers lui, comme s'il était tout enragé : mais le roi et ses compagnons commencèrent à s'enfuir droit au château de Tintagel. Le roi s'y enferma à cause du fou, et Tristan resta dehors.

Le roi vint aux fenêtres de la reine Iseut, et Tristan qui était tout forcené pour l'amour, prit son fromage et commença à manger. Et le roi l'appela et lui dit :

— Fou, que te semble de la reine Iseut?

— Certes, fait le fou, si je couchais une nuit avec elle, elle me rendrait tout le sens que pour elle j'ai perdu.

— Fou, dit le roi, où es-tu né?

— En Angleterre, répond-il.

— Et qui fut ton père?

— Une rosse.

— Et ta mère?

— Une brebis! Et mon père m'envoya ici te faire cocu!

Alors la reine rougit, se voila le visage, car il lui souvint de Tristan.

— Fou, interrogea le roi, qui te fit cette plaie?

— Je l'eus, répondit le fou, dans un assaut devant cette tour.

— Tu as donc été dans un tournoi? fit le roi.

— Oui, dit le fou, en Bretagne et en Cornouailles, où j'en ai tué plus de cent!

Alors ils commencent à rire et ils disent qu'il est fou de naissance. Le roi le fait appeler et mettre dans le château; et il l'aimait beaucoup pour les bourdes qu'il disait.

Un jour, à la sortie du moutier, le roi Marc prend un siège pour jouer aux échecs, et la reine se penche sur le jeu. Et Tristan commence à la regarder, tout brûlant d'amour; mais elle ne le reconnaissait pas. Et la voilà qui lève la main pour frapper Tristan sur le cou, disant :

— Fou, pourquoi me regardez-vous ainsi?

— C'est que, dame, fait Tristan, je suis fou. Et sachez qu'il y a plus de huit jours que je ne cesse de faire le fou pour vous; mais, si le mal était également partagé, vous feriez la folle, comme moi. Et je vous prie, pour Dieu, et pour l'amour de Tristan qui a votre cœur, de ne plus me toucher; car certes le boire que vous et lui bûtes sur la mer ne vous est pas si amer au cœur comme il l'est à celui du fou Tristan!

Il dit cela bien bas, pour que nul ne l'entendît, excepté la reine Iseut.

Mais quand la reine l'entend, elle quitte le jeu, bien en colère, et elle rentre dans sa chambre. Elle appelle Camille, sa demoiselle; elle vient, et demande pourquoi sa dame est irritée.

— Certes, fait-elle, ce fou me déplaît par trop. Il m'a reproché Tristan, et jamais je n'aurai de joie en mon cœur avant de savoir qui lui a conté l'histoire. Le roi doit aller à la chasse; quand il sera parti, et que toute la maison sera vide, tu iras chercher ce fou et tu me l'amèneras, car je veux savoir qui le lui a dit, et d'où vient ce bruit.

— Dame, fait Camille, volontiers.

Le roi va chasser dans les bois, et Camille chercher le fou qu'elle amène dans la chambre. Et la reine l'appelle et lui dit :

— Venez ici, mon ami. Je vous ai frappé pour jouer; tenez, je m'en excuse.

Alors elle le prend par la main et le fait asseoir à côté d'elle.

— Ami, dites-moi, qui vous a rapporté que Tristan m'aimait?

— Dame, fait-il, c'est vous qui me l'avez dit.

— Et quand cela? interroge-t-elle.

— Dame, répond-il, il n'y a pas un an.

— Mais qui es-tu donc?

— Dame, je suis Tristan.

— Tristan! fait-elle.

— C'est vrai, dame.

— Par ma foi, répond Iseut, vous avez menti. Vous ne lui ressemblez pas. Allez-vous-en vite; que maudite soit l'accointance d'un fou! Car vous avez dit un mensonge, et jamais vous n'avez été Tristan!

Quand il voit que la reine lui donne si laidement congé, Tristan met son anneau à son doigt, celui qu'elle lui avait donné quand il la rendit au roi Marc et que le roi Arthur fit la paix, lorsqu'il lui dit qu'elle ne crût rien de ce qu'on pourrait lui rapporter à son sujet si elle ne voyait l'anneau. Tristan lui montre l'anneau et dit :

— Certes, dame, voilà qui est bien que vous ne m'ayez pas reconnu; car je comprends que vous avez un autre ami que moi. Puisqu'il en est ainsi, vous ne pouvez pas me l'avoir dit plus clairement qu'en me congédiant; et vous n'avez pas plus de souci de moi que, si retourné en mon pays, j'eusse fait une autre amie que vous. Mais j'ai connu telle heure où vous m'aimiez bien, et c'est coutume de femme de changer ainsi de cœur. Elle n'aimera plus qui toujours l'aime, et loyalement, mais celui qui lui fera le plus de honte. Certes, on me nomme à bon droit le fou, quand je suis habillé comme un fou, quand j'ai quitté mon pays et ma terre, quand je me suis fait battre et vilipender là, dehors, par ces malotrus, quand je mange parmi les cendres et que je gis sur la terre nue, comme un chien, pour l'amour de vous, qui ne m'avez pas même regardé ni reconnu!

Mais quand Iseut voit l'anneau et entend Tristan parler ainsi, elle le reconnaît. Alors elle le prend dans ses bras et l'embrasse plus de cent fois; et lui l'embrasse plus de cent fois aussi.

Et Tristan lui raconte comment la plaie lui fut faite, grâce à laquelle elle et les autres ne l'avaient pas reconnu; il lui conte ses aventures. Iseut lui donne des robes et du linge, car il n'en veut recevoir que d'elle.

Alors la reine dit à l'huissier que, pour Dieu, il fît un lit pour le fou, dans la salle ou ailleurs, où il pourrait dormir la nuit.

« Dame, répond-il, volontiers. »

Le lit fut fait sous les degrés, dans un petit coin, d'un peu de paille et de deux draps que la reine lui donna.

Là couche Tristan, le jour et la nuit. Et quand le roi va chasser, Tristan va coucher avec la reine; mais nul ne le sait, excepté Camille. Ainsi demeura Tristan deux mois à Tintagel sans être reconnu de personne.

Un jour le roi Marc était devant la tour. Un messager du roi Arthur était venu lui mander d'aller lui parler à Carlisle, car il avait affaire avec lui. Et quand le roi Marc reçoit le mandement du roi Arthur, son seigneur, il dit qu'il irait volontiers. Lors il s'apprête et se rend à la cour. Dès qu'il est parti, Tristan va pour coucher avec la reine Iseut.

L'huissier, qui l'a bien entendu se lever, se glisse tout doucement pour regarder dans le lit du fou; mais il ne le trouve pas. Alors il marche derrière Tristan qui se rendait dans la chambre de la reine Iseut. Tristan entre dans la chambre, et Camille, qui l'attendait, ferme la porte sur lui; car il va se coucher près de la reine Iseut.

L'huissier l'épie : il veut savoir, s'il le peut, ce que Tristan cherche dans la chambre de la reine. Alors il regarde par une fente qui était dans la paroi, et il voit Tristan couché avec la reine Iseut. Et quand il les a bien vus ensemble, il regagne son lit, et il sait bien que le fou est Tristan. Mais Tristan ne prenait pas garde d'avoir été épié.

Le lendemain, l'huissier raconta aux chambellans comment il avait vu le fou couché avec la reine, et leur confie : « Sachez-le, c'était Tristan. »

Quand les chambellans l'apprennent, ils sont bien irrités, et disent qu'ils mettront de si bons espions en la chambre d'Iseut, et cela si subtilement, que la reine n'y prendra pas garde. Aussitôt qu'il fait nuit, Tristan retourne dans la chambre de la reine et il s'assied auprès d'elle. Les chambellans ont mis les espions dans la chambre, ce dont Tristan ne prenait toujours pas garde.

— Dame, dit Tristan à la reine, il convient que je m'en aille, car j'ai été aperçu, et le sais bien. Et si le roi revenait et qu'il me tenait, il me ferait mourir honteusement. J'ai entendu hier l'huissier et les chambellans qui s'entretenaient de moi.

Et quand la reine entendit que Tristan parlait de s'en aller, elle commença bien tendrement et lui dit :

— Ah! Tristan, mon bel et doux ami, je sais vraiment que je ne pourrai jamais vous voir, ni vous me voir, en cette vie. Pour Dieu, je vous prie et requiers que vous me fassiez un don.

— Certes, répondit Tristan, bien volontiers, ma dame : demandez et vous l'aurez.

— Bel et doux ami, fait-elle, je vous demande que s'il vous arrive de mourir avant moi, ou que si vous souffrez avant moi la mâle mort, vous vous fassiez mettre en une nef et apporter ici. Et observez bien que la moitié de la voile de la nef soit blanche, et l'autre noire. Et si vous êtes mort ou malade à mourir, le noir sera mis en avant; et si vous êtes en santé, ce sera le blanc qui sera mis en devant, et le noir derrière. Tout pareillement je ferai, si cela m'arrive avant vous. Et sitôt que la nef sera venue au port, j'irai voir mon grand dommage ou ma suprême joie; et je vous prendrai dans mes bras et vous baiserai sans fin; puis je mourrai, en sorte que nous soyons tous deux ensevelis ensemble. Car, quand l'amour est à ce point lié à la vie, il ne doit être rompu à la mort. Et sachez que si je meurs avant vous, tout ainsi je ferai.

— Certes, ma dame, dit Tristan, je vous l'accorde.

Ainsi ils ont convenu entre eux. Alors ils s'embrassent, et Tristan prend congé de la reine Iseut; puis il la quitte sur cette convention que jamais plus ils ne se verront de leur vie.

Quand Tristan eut pris congé d'Iseut, il s'en vint vers la mer et trouva un marchand de Carhaix, qui le connaissant et l'aimant fort, le prit sur sa nef. Ainsi ils cinglèrent et voguèrent tant qu'ils arrivèrent au port de Carhaix.

Le lendemain matin, dès qu'il fut jour, les espions racontent aux chambellans que c'était Tristan qui faisait le fou, et qu'il avait couché la nuit avec la reine Iseut:

« Ah! Dieu, font-ils, si le roi Marc, notre seigneur le sait, il va nous détruire et nous mettre tous à mort pour ne l'avoir pas pris et retenu! Il n'y a qu'une chose à faire : tenir la chose cachée, et que notre seigneur n'en sache rien; car s'il l'apprenait, il nous ferait tuer honteusement! »

Tous conviennent de n'en rien dire.

RIVALEN ET GARGEOLAIN

En cette partie, dit le conte que quand Tristan eut quitté la reine Iseut de Cornouailles, son amie, femme du roi Marc, son oncle, et qu'il fut revenu à Carhaix, ses hommes et ses gens lui firent grand-fête; car ils pensaient bien l'avoir perdu. Tristan est le bienvenu et on le reçoit très honorablement.

Or advint que Tristan et Rivalen étaient un jour ensemble et qu'ils parlaient de leurs désirs. Survient Goudri le forgeron, qui apporte les clés qu'il avait forgées; il les donne à Tristan qui les noue toutes ensemble à un lacet de soie. Puis il dit :

— Ami, montons à cheval, et allons voir Gargeolain, votre amie.

— Sire, répondit Rivalen, volontiers.

Alors ils montent sur leurs chevaux, ne prenant pas d'autres armes que leurs épées, et ils s'en vont.

Ah! Dieu, quelle pénible aventure leur arriva ce jour-là! Tristan avait sur la tête un chapeau de feuilles d'olivier, et il chevauchait en chantant et se réjouissant; lui et Rivalen menaient ainsi grande joie tandis qu'ils allaient à la mort. Mais ils n'y prenaient pas garde.

Or Bedalis, le mari de Gargeolain, était allé ce jour-là chasser, ayant avec lui les trente chevaliers qu'il avait mandés pour lui tenir compagnie. Tristan et Rivalen arrivent au manoir devant le pont; il était fermé à clé, et Bedalis avait emporté les clés avec lui. Tristan met pied à terre, introduit une clé dans la serrure du pont fermé à la chaîne; il le fait tomber tout bonnement et doucement. Or, tandis que le pont descend, Tristan perd son chapeau, ce qui devait causer son malheur. Mais tous passent, car ils ont ouvert la porte et les autres huis, et ils entrent dans la chambre de Gargeolain. Cette chambre était jonchée de verts joncs, bien frais, encourtinée de la plus belle et riche courtine du monde, et toute l'histoire du roi Arthur, et comment il conquit la seigneurie des Bretons, y était représentée, ainsi que les Sept Arts.

Quand Rivalen entra dans la chambre, il se laissa choir sur le lit avec Gargeolain qui l'aimait tant; et Tristan s'éloigne un peu pour les laisser ensemble. Et prenant une poignée de joncs, couché sur le dos parmi l'herbe, il commence à lancer des joncs sur les amants, à les enfermer dans la courtine, l'un dedans l'autre.

Hélas! jamais jeu ne fut plus funeste! Mais Tristan n'y prenait pas garde, car il le faisait pour s'amuser. Et Rivalen et Gargeolain, son amie, sont dans le lit, y prenant tout leur plaisir.

Mais Bedalis, le mari, qui venait de prendre un cerf, commence à corner sa prise. Et Tristan, qui l'a entendu, se doute qu'il va bientôt monter; il dit à Rivalen :

« Mon ami, allons-nous-en; car j'ai entendu Bedalis corner sa prise. »

Alors ils prennent congé de Gargeolain et s'en vont.

Hé, dieux! que ne sont-ils bien armés de leurs armes? car ils auraient grand besoin de les avoir alors! Mais ils n'avaient que leurs chevaux et leurs épées. Ainsi Tristan et Rivalen s'en allaient, jouant et baguenaudant.

Or voici que Bedalis, qui s'en retourne à son hôtel en faisant sonner à grand bruit les cors, ouvre le pont et trouve le chapeau perdu par Tristan; et il entre en grand soupçon. Bedalis regarde partout, sans voir aucune trace de passage. Il entre, ferme toutes les portes, trouve sa femme Gargeolain, la prend dans ses bras, et l'embrasse; et sans même retirer ses houseaux il se laisse tomber sur le lit. Alors il voit les joncs fichés dans la courtine, et il commence à frémir, car il a compris que c'est là un jeu de Tristan. Le voici qui se dresse, prend Gargeolain, sa femme, tire l'épée, et disant qu'il va la tuer si elle ne déclare pas la vérité sur la tête de son père.

— Car je sais bien, fait-il, que Tristan a été ici.

— Certes, répond-elle, c'est vrai; et Rivalen m'a embrassée de force.

Quand Bedalis l'apprend, il est plus furieux que devant et dit :

— Ah! mauvaise, on a fait autre chose ici. Dites-moi la vérité ou je vais vous tuer! Mais si vous dites la vérité, je vous pardonnerai mon malheur.

— Certes, répond-elle, tu peux me tuer; cela m'est bien égal. Car j'aime mieux mourir que d'être en la prison où tu m'as mise. Et quand tu m'auras tuée, on dira que c'est pour quelque méfait : mais le blâme ne touchera que ta jalousie. Certes, je te dirai la vérité, et fais de moi après ce que tu veux. Sache que Rivalen a couché avec moi et qu'il a fait de moi tout son plaisir. Mais il était impossible de le lui défendre. Et je ne suis qu'une femme, seule et sans nulle garde...

Quand Bedalis apprend que Rivalen avait corrompu sa femme, il vient à ses hommes et leur raconte tout; il accuse Tristan et Rivalen de la honte qu'ils lui ont faite, disant qu'il ne mangera pas avant de s'être vengé. Alors, ils montent sur leurs chevaux à qui mieux mieux et poursuivent les deux compagnons qui allaient dans la forêt et s'y amusaient; car ils avaient trouvé une biche et ses bichards, et ils couraient après pour les prendre, sans y parvenir. Ce fut pour la mâle aventure qui devait leur arriver.

Car voici Bedalis et ses gens qui brûlent de mal

faire. Tristan, qui les voit venir, se jette derrière un buisson; ils passent sans le voir. Mais Bedalis vient d'atteindre Rivalen, qui était tout désarmé, et il lui passe l'épée au travers du corps. Rivalen a cependant la force de retirer l'épée, d'en frapper un des hommes de Bedalis, nommé Authon, de lui couper la tête. Mais quand Cadio voit que Rivalen a coupé la tête de son frère, il tire l'épée, frappe Rivalen, lui tranche le cou : Rivalen tombe mort.

Or quand Tristan a vu Rivalen mort, il fait un saut hors du buisson, frappe Cadio et le tue, en tue encore un autre, un troisième. Mais voici que s'avance Bedalis tenant un glaive au fer envenimé. Il le jette contre Tristan; le fer pénètre dans la hanche jusqu'à l'os, tranchant chair, os et nerfs : et demeura tout le tronçon en sa hanche.

Mon Dieu, quelle grande douleur pour tout le pays! Et Tristan qui voit sa blessure, Rivalen mort, le grand nombre de gens que Bedalis avait, n'a qu'une ressource : fuir vers Carhaix. Un bon moment, Bedalis et ses gens lui donnent la chasse; mais ils ne peuvent l'atteindre, car Tristan était bien monté; ils s'en retournent donc.

Depuis ce jour, aucun d'eux n'eût osé demeurer ou s'arrêter au pays. Car lorsque Bedalis eut tué Rivalen et blessé Tristan, il dit à ses hommes : « Il est temps de fuir ce pays, car si Tristan peut en réchapper, il nous couvrira de honte et nous détruira tous dans les tourments. » Alors ils s'en vont et prennent la mer. Et ils cinglèrent tant qu'ils arrivèrent à l'île Chausey, une terre belle et noble, close de mer et montagneuse. Et dit l'écrit qu'ils furent bien sept cents compagnons qui devinrent outlaws, c'est-à-dire larrons de mer.

Et janais nef ne passa par là, chargée de marchandises, sans qu'elle fût pillée, et les gens qui la montaient fussent mis à mort...

En cette partie le conte dit que quand Bedalis

eut tué Rivalen et blessé Tristan, Tristan s'enfuit à Carhaix; et le sang coulait de lui à la trace, partout où il allait.

Quand Tristan entra à Carhaix et que ses gens virent le sang qui sortait de lui, ils sont bien ébahis et le suivent au château pour savoir ce qu'il avait. Mais arrivé au château et descendu de cheval, à grand-peine et à grande douleur, Tristan se laisse choir parmi eux, tout pâmé, car il avait perdu beaucoup de sang. Et quand il sort de pâmoison, il pense que Bedalis a tué Rivalen, et que lui-même est blessé à mort. Iseut sa femme, et ses gens qui l'entendent, font tel grand deuil qu'il n'est au monde cœur si dur qui les vît sans en avoir pitié.

Tristan leur apprend où ils trouveront Rivalen mort. Ils montent à cheval et ils vont, suivant la trace du sang; ainsi ils trouvent Rivalen mort, avec sa tête coupée.

Alors commence un si grand deuil que Gargeolain l'entend de son manoir où elle était. Elle sort aussitôt, accourt aux cris, tout effrayée, et trouve son ami mort. Sa douleur est telle qu'elle se pâme plus de cent fois sur le corps; et quand elle revint de pâmoison, elle dit :

« Ah! Rivalen, gentilhomme, fils de roi, tu es mort pour moi : mais moi aussi je vais mourir pour l'amour de toi; et mon âme tiendra compagnie à la tienne, et nous serons enfouis ensemble, l'un près de l'autre! »

A ces mots, elle tombe pâmée, le cœur lui crève, et son âme quitte son corps. Alors ses gens firent une bière de feuillée, et mirent dedans les deux corps; et, tout ébahis de l'aventure, les portèrent à grand deuil pour les ensevelir. L'archevêque chanta la messe et les déposa en terre, l'un près de l'autre, dans deux tombeaux, les plus riches qu'on saurait voir.

Ainsi moururent et furent ensevelis ensemble Rivalen et Gargeolain sa mie.

LA BLESSURE DE TRISTAN

Tristan fait demander partout des médecins pour le guérir de sa plaie.

Parmi eux il en vient un qui se nommait Agar qui réussit à retirer le bois; mais le fer demeura en la plaie. C'est un malheur qu'il s'en occupe! Ce médecin prend ensuite un blanc d'œuf qu'il applique sur la plaie sans plus de résultat; car elle ne s'arrête toujours pas de saigner. Alors il fait un emplâtre du jus de plantain et d'ache, de fenouil et de sel, et il l'applique sur la plaie qui cesse de couler : mais c'est la jambe de Tristan qui devient alors plus noire que charbon.

Le pauvre Tristan criait et braillait nuit et jour; et tant fit qu'il tâta sa plaie. Alors il appela Iseut sa femme et lui dit :

« Dame, palpez ici, et sentez le fer qui me fait tant souffrir et que le médecin n'a pas su ôter. Pour Dieu, allez le chercher bien vite. »

Alors Iseut tâta, et sentit le fer; puis fut demandé le médecin qui vint bientôt et arracha le fer. Mais que le las Tristan souffre d'angoisses et de peines!

Quand le fer fut retiré, le médecin mit sur la plaie un onguent; mais il n'agit pas, car il ne sait rien du métier. Et c'est bien dommage, car ce qu'il fait à Tristan ne peut que lui nuire. Les médecins accourus de partout, se donnent beaucoup de peine pour prescrire ce qu'ils pensent être bon pour lui. Il y avait parmi eux un pauvre médecin, sorti tout nouvellement des écoles de Salerne. Quand il vit ces grands maîtres, il leur dit :

« Seigneurs, vous ne savez pas ce que vous faites. Tristan ne guérira jamais ainsi. Sa jambe est déjà toute pleine de feu, et si le feu passe la jointure, nul n'y pourra jamais remédier. »

Quand les médecins l'entendent et qu'ils le voient si pauvre, ils commencent à se moquer de lui, disant :

— Ah! Sire, comme vous êtes bien garni de votre sens! il vous trompe fort!

— Seigneurs, fait-il, si je suis pauvre, Dieu m'en donnera assez, quand il lui plaira. Cependant l'esprit n'est ni en draps ni en vêtements, mais bien dans le cœur où Dieu l'a mis. Or, je vais m'en aller et vous resterez avec ce malheureux qui souffrira les angoisses que vous lui imposez; car vous ne ferez pas autre chose que le conduire à la mort, et je suis bien certain qu'il ne vivra pas longtemps ainsi.

Alors les médecins disent que si on ne le chassait pas, ils s'en iraient tous et qu'ils ne reviendraient jamais plus.

Ainsi le pauvre médecin fut poussé dehors; car vous savez bien qu'on a cure de pauvre homme nulle part!

Mais Iseut, la femme de Tristan, lui donna un marc d'argent, des habits convenables, lui fit présent d'un beau palefroi : sur quoi il prit congé de tous et s'en alla.

Hélas! quelle douleur qu'il ne soit pas resté! Car ce médecin aurait bientôt guéri Tristan. Et les autres médecins, ceux-là qui sont demeurés près de lui, s'ils se donnent bien de la peine pour le guérir, c'est en vain et pour rien. Et quand ils virent qu'ils perdaient leur peine, ils le plantèrent tous là.

Et quand Tristan le voit, il dit tout bonnement entre ses dents :

« Dieu! que pourrai-je faire, quand nul médecin

ne peut me guérir? Mais je sais bien que si j'avais par qui demander à la belle Iseut, mon amie, de venir me guérir, vite elle viendrait; car autrefois, elle m'a guéri. »

Alors Tristan pensa qu'il y avait dans la ville un sien compère marinier, qui avait pour nom Genès; il lui mande de venir lui parler sans retard. Genès y vint et s'assit devant lui.

— Genès, fait Tristan, beau doux compère, je vous ai demandé ici car vous pouvez me rendre la santé, si vous le voulez. Je vous aime bien, et sachez que si je puis en réchapper, je marierai fort richement Iseut votre fille, ma filleule, et je vous ferai beaucoup de bien.

— Sire, dit Genès, à vos ordres; je ferai votre commandement, ou par mer ou par terre.

— Genès, répond Tristan, cinq cents mercis. Vous allez partir en Cornouailles vers la reine Iseut, mon amie, et vous lui direz que je lui demande de venir me guérir; et vous lui raconterez comment je suis blessé, et vous lui donnerez cet anneau en signe de vous croire mieux. Et, si elle revient avec vous, observez que la voile de votre nef soit blanche; et, si vous ne l'amenez pas, qu'elle soit noire.

— Sire, répondit Genès, je le ferai bien volontiers. Ma nef est toute prête à partir et appareillée au port; mais, Sire, pour Dieu, je vous recommande ma fille, votre filleule.

— Certes, dit Tristan, je la garderai comme mienne, ne vous inquiétez de rien. Mais pensez à ma besogne.

Alors Genès quitte Tristan et prend congé de lui. Il descend au port où sa nef était toute chargée et appareillée et il y monte. Et il commande à ses gens de lever l'ancre et de mener la nef à Bomme en Cornouailles. Les mariniers sortent du port, et cinglent tant de jours et de nuits qu'ils arrivent au port, sous Bomme.

Le roi Marc apprend qu'il y avait au port une

nef arrivée de Bretagne et il va voir quelle marchandise elle apportait. Quand Genès voit le roi Marc, il sort de sa nef et le salue. Le roi lui demande d'où il était.

« Sire, dit Genès, je suis un marchand de Bretagne et j'apporte des marchandises à vendre en votre terre, et dans celles qui sont à votre commandement. »

Le roi regarde Genès, qui lui semble bien courtois, et lui dit :

— Frère, je veux et te commande, tous les jours que tu séjourneras ici, de venir manger en ma cour; et je retiens tous les vins et te ferai tantôt acquitter ton paiement.

— Sire, répondit Genès, cinq cents mercis, mais je ne boirai et je ne mangerai qu'en ma nef, sauf votre grâce; car j'ai promis et juré à ma femme, quand je la quittai, de ne prendre ailleurs ce qui m'est nécessaire.

Le roi sourit et dit qu'il est un homme loyal.

Alors le roi Marc retourne vers la reine Iseut qui lui demande d'où il vient. Il lui dit qu'il venait du port où une nef de Bretagne était arrivée.

— J'ai retenu tous les vins mais de tout ce qu'il y avait sur la nef, je n'ai autant d'envie que d'un certain anneau que le marchand de la nef porte au doigt.

— Sire, dit-elle, comment est cet anneau?

— Dame, fait-il, je n'en vis jamais de si beau. Il est tout plat, et il y a une émeraude, la plus belle que j'aie jamais vue.

Quand la reine entend la description de l'anneau, elle pense que c'est celui qu'elle a donné à Tristan et que c'est un message qu'il lui a envoyé. Elle dit au roi :

— Sire, demandez au marchand de venir manger en votre cour.

— Dame, répond-il, il n'y viendra pas, à cause d'une promesse qu'il a faite à sa femme avant son départ en sa nef; mais je lui demanderai de venir vous parler, alors vous saurez bien s'il veut vendre cet anneau.

— Sire, ajoute la reine, vous avez bien dit.

Et quand le marchand est venu devant le roi, il lui dit de se rendre dans la chambre de la reine pour lui parler; et Genès y alla.

Quand la reine vit Genès, elle le fit asseoir près d'elle et lui demanda d'où il était.

— Dame, dit-il, je suis natif de Bretagne, et suis le messager de Tristan qui vous envoie par moi son salut et vous demande de faire l'impossible pour le venir guérir d'une plaie que Bedalis lui fit d'un fer envenimé, ce dont il se meurt à douleur; et il mourra bientôt s'il n'a secours de vous. Aucun médecin n'y peut rien faire; ils l'ont tous abandonné. En signe de vérité, voici l'anneau que vous lui donnâtes quand il vous rendit au roi Marc et que vous lui dîtes de ne rien croire de ce qui pourrait être rapporté à son sujet sans voir cet anneau.

— Par ma foi, répondit la reine, c'est la vérité. Genès, le roi Marc ira demain matin à Carlisle en Galles vers le roi Arthur qui l'a mandé. Quand il sera parti, je dirai à Audret que je désire aller chasser le gibier. Alors je m'en irai sur le rivage et demanderai quelle est votre nef, comme si je ne savais rien de vous. Il me dira que c'est la vôtre. Vous, soyez tout prêt à partir; et vous me direz de monter dans votre nef pour voir ce qui est dedans. Il y aura une planche en la nef où j'irai. Mais je vous prie de ne pas faire de mal à Audret.

— Dame, dit Genès, volontiers.

Alors il prend congé et s'en va, laissant à la reine l'anneau. Elle va vers le roi Marc son seigneur et lui conte que le marchand lui avait donné son anneau. Le roi remercie Genès et lui en sait beaucoup de gré : cependant il aurait mieux valu qu'il l'eût congédié de son royaume!

Le lendemain, au matin, le roi Marc s'en alla vers le roi Arthur, qui l'avait mandé. Et quand il fut parti, la reine Iseut dit à Audret qu'elle voulait aller au gibier. Il fait apprêter les chiens et les oiseaux; montant à cheval, ils gagnent les champs. Beaucoup de gens suivaient la reine. Et quand ils furent aux champs, ils firent lever un faisan. Audret lâche un faucon pour le prendre, mais le faucon le manque. Le temps était clair et beau et le faucon prend son essor. Alors la reine appelle Audret et lui dit que le faucon vient de se poser sur le mât de la nef qu'elle voyait dans le port, et elle lui demande à qui elle était :

— Dame, fait Audret, c'est la nef de Genès, le marchand de Bretagne qui vous donna hier son anneau.

— Allons-y, dit la reine, pour chercher notre faucon.

Ainsi ils vont vers la nef.

Et quand Genès fut sorti de sa nef et qu'il eut mis la planche, il s'avança vers la reine et lui dit :

— Dame, si cela vous fait plaisir, vous pouvez venir voir ma nef et tout ce qu'il y a dedans; et s'il y a chose qui vous plaise, vous la pourrez prendre.

— Genès, répond la reine, cinq cents mercis.

Alors la reine descend de son cheval, monte par la planche droit à la nef, y entre. Audret la suivait. Mais Genès, qui était sur la planche, tenant un aviron, en frappe Audret qui tombe à l'eau. Audret pensait bien s'y accrocher pour se sauver; mais Genès le frappe à nouveau de son aviron et le rejette à la mer, disant : « Cuvert, traître! Maintenant vous payez le mal que vous avez fait tant de fois souffrir à Tristan et à la reine Iseut! »

Alors le marchand retourne à sa nef et sort du port. Le cri et le bruit monte de partout que Genès emmène la reine. Tous accourent aux nefs et aux galées pour leur donner la course. Mais c'est bien vainement, car jamais ils ne purent les atteindre. Ils s'en retournent donc et trouvent Audret noyé, qui avait tant bu de l'eau de la mer. Ils le recueillent, l'enfouissent, car ils n'en peuvent faire autre chose.

LA MORT DES AMANTS

En cette partie dit le conte que depuis que Genès eut quitté Tristan pour aller chercher la reine Iseut, tous les jours, du matin jusqu'au soir, Tristan demeura sur le port de Penmarch pour regarder les nefs qui passaient afin de savoir s'il verrait venir celle de Genès qui amènerait la reine Iseut, son amie, qu'il désirait tant voir. Et tant y demeure qu'il ne peut plus durer; et il va se coucher loin de tous, dans sa chambre. Il en est venu à ce point de ne plus se tenir sur ses jambes; il ne peut ni boire ni manger et ressent plus de douleurs que jamais. Il tombe si souvent en pâmoison! Et tous ceux qui l'entourent pleurent de pitié et font grand deuil.

Or Tristan appelle sa filleule, la fille de Genès, et lui dit :

— Belle filleule, je vous aime fort, et sachez que si je puis échapper à ce mal, je vous marierai bien et richement. Je vous prie, et je veux, que vous ne découvriez le secret de ce que je vais vous dire. Vous irez chaque matin sur port de Penmarch et vous y demeurerez du matin jusqu'au soir : et vous regarderez si vous voyez venir la nef de votre père. Je vais vous dire comment vous la reconnaîtrez. S'il amène Iseut, mon amie, la voile de sa nef sera toute blanche; et s'il ne l'amène pas, elle sera toute noire. Or prêtez votre attention à la voir, et puis vous viendrez me le dire.

— Sire, répondit la filleule, volontiers.

Et l'enfant s'en alla sur le port de Penmarch, et s'y tint tout le jour, venant faire son rapport à Tristan sur toutes les nefs qui passaient par là. Iseut, la femme de Tristan, s'étonnait beaucoup de ce que l'enfant demeurât assise si longtemps, et parfois tout le jour, sur le port, se demandant ce qu'elle rapportait à Tristan : et elle dit qu'elle le saura, si elle peut. Alors elle va au port où la filleule de Tristan était assise et lui dit :

— Filleule, je t'ai bien doucement élevée en ma chambre. Je te conjure, au nom de Dieu, de me dire pourquoi tu demeures ici tout le jour?

— Dame, fait-elle, je ne puis voir, ni ouïr le grand martyre et la grande douleur que souffre mon seigneur, mon parrain; et je passe mon temps ici, regardant les nefs qui vont et viennent.

— Certes, je le sais bien que tu mens. Et que vas-tu donc si souvent rapporter à ton parrain? A l'aide de Dieu, si tu ne me le dis pas, jamais plus tu ne demeureras auprès de moi; et si tu me le dis, tu feras bien!

Alors l'enfant eut peur de sa dame et lui répondit :

— Ma dame, mon parrain a envoyé mon père en Cornouailles pour chercher Iseut, son amie, et l'amener pour le guérir. Si elle vient, la voile de la nef sera toute blanche et si elle ne vient pas, elle sera toute noire. Je suis ici pour savoir si je verrai la nef venir; et si je la vois, je dois aller le dire à mon parrain.

Quand la dame entendit ces paroles, elle fut bien irritée :

— Malheureuse, qui eût cru que Tristan aimât une autre que moi! Certes ils n'eurent jamais si grand-joie l'un de l'autre comme je leur ferai avoir de douleurs et de tristesses!

Alors Iseut aux Blanches Mains regarde à l'horizon la mer et elle voit venir la nef à la blanche voile. Elle dit à la filleule de Tristan : « Je m'en vais; toi, demeure ici. »

Combien Tristan s'abandonne à sa douleur! Il ne peut plus ni boire ni manger, il n'entend plus. Cependant il appelle l'abbé de Camdon, qui était avec beaucoup d'autres devant lui; il leur dit :

« Beaux seigneurs, je ne vivrai plus guère. Je le sens bien. Je vous prie donc, si jamais vous m'aimâtes, que quand je serai mort vous me mettiez sur une nef, mon épée auprès de moi, avec cet écrin. Et puis envoyez-moi en Cornouailles au roi Marc, mon oncle, et prenez garde que personne ne lise le bref qui pend à mon épée avant que je sois mort. »

Alors Tristan perd connaissance. Un cri s'élève dans la demeure et voici venir sa méchante femme, qui lui apporte la mauvaise nouvelle, disant :

« Hé Dieu! je viens du port, et j'ai vu une nef qui semble venir de bien loin, et je crois que nous l'aurons ce soir ici. »

Quand Tristan entendit que sa femme parlait d'une nef, il ouvrit les yeux, se retourna à grand-peine, murmurant :

— Pour Dieu, belle sœur, dites-moi comment est la voile de cette nef?

— Par ma foi, fait-elle, elle est plus noire que mûre.

Hélas, pourquoi le dit-elle? car pour cela les Bretons doivent bien la haïr!

Mais quand Tristan a entendu qu'Iseut, sa mie, ne venait pas, il s'est retourné de l'autre côté, disant : « Ah! douce amie je vous recommande à Dieu, car jamais vous ne me verrez plus, et moi jamais je ne vous verrai plus. Adieu! je m'en vais et vous salue. » Alors il fait mea culpa et se recommande à Dieu. Et le cœur lui crève, et son âme s'en va.

Aussitôt commencent le cri et le deuil. Car la nouvelle va par la ville et par la marine que Tristan est trépassé. Grands et petits braillent, crient et font tel deuil qu'on n'eût pas ouï Dieu tonnant.

Et la reine Iseut, qui est sur la mer, dit à Genès : « Je vois des gens courir en criant très fort. Et je crains bien que le rêve que j'ai songé cette nuit ne soit vrai; car j'ai rêvé que je tenais en mon giron la tête d'un grand sanglier qui me tachait de sang et ensanglantait ma robe. Pour Dieu, je crains fort que Tristan ne soit mort. Faites appareiller la nef et nageons droit au port! »

Genès la fit descendre dans le canot, et ils nagèrent jusqu'à terre sèche. Et quand ils furent arrivés à terre, Iseut demanda à un écuyer qui menait grand deuil ce qu'il y avait, et où tous ces gens-là couraient. « Certes, dame, fait-il, je pleure sur Tristan, notre seigneur, qui vient à l'instant de mourir : et tous ces gens que vous voyez se précipiter y courent. » Quand Iseut l'entend, elle tombe pâmée à terre. Genès la relève. Et quand elle fut revenue de pâmoison, ils s'en vont jusqu'à la chambre de Tristan et le trouvent mort. Le corps était étendu sur un ais; et le lavait et lui faisait sa toilette la comtesse de Montrelles; déjà on lui avait passé ses chaussons.

Quand Iseut voit le corps de Tristan, son ami, étendu devant elle, elle fait sortir tout le monde de la chambre et se laisse pâmée choir sur le corps. Et quand elle revient de pâmoison, elle lui tâte le pouls et la veine : mais c'est bien en vain puisque l'âme était déjà partie. Alors elle dit : « Doux ami Tristan, combien dure fut la séparation de vous et de moi! J'étais venue pour vous guérir. Or j'ai perdu mon temps et ma peine, et je vous ai perdu. Et certes, puisque vous êtes mort, je ne veux plus vivre après vous. Comme l'amour a été entre vous et moi pour la vie, il doit l'être à la mort. »

Iseut le serre dans ses bras, contre son sein, aussi fort qu'elle le peut, se pâme sur le corps, jette un soupir; et son cœur s'arrête, et son âme s'en va.

Ainsi moururent les deux amants Tristan et Iseut.

LA CROIX TRISTAN

Quand Genès voit ce qui se passe, il s'élance hors de la chambre en faisant grand deuil : il annonce que la reine Iseut est morte sur le corps de Tristan. Alors tous y accourent; et recommencent le deuil et le cri si grands que trop eût dur cœur qui n'en aurait pitié. Et ce fut tout.

Les deux corps sont prêts à être ensevelis; et l'on tient conseil pour savoir comment ils seraient enterrés.

« Au nom de Dieu, dit l'abbé de Camdon, Tristan nous a déclaré qu'un bref pendait à son épée et qu'on le fît lire quand il serait mort. » Alors on apporte l'épée et on lit le bref qui disait ceci : « *Tristan commande à tous ceux qui l'aimèrent que son corps soit porté en Cornouailles au roi Marc, son oncle, son épée mise auprès de lui, et que nul ne soit assez hardi pour ouvrir l'écrin qui y pend avant que le roi l'ouvre et voie ce qu'il y a dedans.* »

On convient alors que les deux corps seront richement et honorablement envoyés en Cornouailles : « Mais à tout le moins, nous en retiendrons les entrailles. » Alors Tristan fut ouvert, et les entrailles furent prises et enterrées sur le port; et pour lui on érigea une riche croix, qui fut appelée la croix Tristan. Un chevalier fut établi pour la garder; c'est lui qui la renouvelle chaque année, et il en tient bonne rente; car s'il ne le faisait, il la perdrait. Les gens de Penmarch embaumèrent le corps de Tristan, le cousirent dans un cuir d'un cerf, et celui d'Iseut dans un autre; puis ils mirent les deux corps dans un tonneau qui fut placé sur une nef, avec deux cierges ardents au pied et deux autres au chef; et ils placèrent, entre des croix et des phylactères bien riches, l'épée et l'écrin près de Tristan, recommandant les corps à Dieu.

Les mariniers montent sur la nef; et ils cinglent et nagent tant qu'ils arrivent au port sous Tintagel; là ils sortent de la nef, déchargent les corps, et les exposent très honorablement; ils mettent les croix et les phylactères au chef et au pied des corps, qu'ils couvrent de deux draps d'or, très riches et très beaux.

Alors les mariniers rencontrèrent une petite vieille qui rapportait du bois des montagnes. Et quand elle vit les croix et les corps si richement préparés, elle demanda quels étaient ces corps. Ils lui répondirent qu'ils étaient ceux de Tristan, le neveu du roi Marc et d'Iseut la reine, la femme du roi. Et quand la petite vieille l'apprit, elle commença à faire le plus grand deuil que femme fit jamais. Et les mariniers lui donnèrent dix sous pour garder les corps, et s'en retournèrent en leur pays.

LE BREF DE TRISTAN

Or dit le conte que quand les mariniers eurent laissé les corps en garde à la petite vieille, elle commença à regretter les dits et les faits de Tristan. Les gens du pays accourent au deuil et au cri, demandant à la vieille quels étaient ces corps et elle leur dit que c'étaient ceux de Tristan et d'Iseut la Belle qui fut la femme du roi Marc. Alors elle recommence son cri et son deuil si grands qu'on n'eût pas ouï Dieu tonnant.

Il y eut là un clerc qui lut le bref de Tristan disant que nul ne fût si hardi d'ouvrir l'écrin qui pendait à son épée, et qu'on ne l'enterrât pas avant que le roi Marc ne l'eût ouvert. Et les gens du pays firent élever des murs autour des corps et une chapelle. Là ils les gardent nuit et jour, et décident d'envoyer chercher le roi Marc, ils envoient vers lui un ermite, bien prudhomme et de sainte vie. L'ermite s'en va et chemine tant qu'il rencontre le roi Marc à Cachenès, tandis qu'il apportait un petit singe à la reine Iseut de la part du roi Arthur. Hélas! il ne savait pas qu'elle était morte, et Tristan, son neveu, aussi.

L'ermite salue le roi et dit : « Roi, celui qui dans son cœur garde ressentiment, celui qui meurt dans la colère, se sépare de Dieu; il livre son corps et son âme au diable. C'est pourquoi je te dis de ne pas te mettre en colère pour chose que tu pourras ouïr ou voir. »

Le roi écoute l'ermite qui le sermonne et lui dit :

— S'il plaît à Dieu, je m'efforcerai de n'être jamais à ce point surpris que l'ennemi d'enfer ait pouvoir sur moi. Dis en toute sincérité ce que tu voudras.

— Sire, fait l'ermite, vous avez répondu bien sagement. Sachez en vérité que Tristan, votre neveu et Iseut, votre femme sont morts et qu'ils vous sont envoyés de Bretagne; et il y a un bref dans un écrin pendu à l'épée de Tristan qui déclare que nul ne soit assez hardi pour ouvrir l'écrin, sauf vous. Et sachez que Tristan était malade d'une plaie dont nul ne pouvait le guérir, excepté Iseut; alors il l'avait demandée par Genès, qui la lui amena. Mais avant qu'elle arrivât, Tristan était mort; or elle aussi mourut de son deuil. Les corps vous sont envoyés ici, de par Dieu; il y a près de trois jours qu'ils sont au port. Hâtez-vous, et voyez ce qu'il y a dans l'écrin; puis faites des corps ce que vous voudrez.

Quand le roi apprend ces nouvelles, il en est si dolent qu'il serait tombé de dessus son cheval si l'ermite ne l'avait soutenu. Il dit : « Ah! Tristan, beau neveu, que tu m'as fait endurer de mal! Tu m'as couvert de honte, tu m'as enlevé ma femme. Jamais, sur l'âme de mon père, tu ne seras enterré en mon pays! »

Alors chevaucha le roi jusqu'à ce qu'il parvînt à Tintagel, où les corps étaient au port. Le peuple connaît le serment que le roi a fait; et tous s'écrient d'une seule voix : « Ah! roi, prends tout ce que nous avons, mais fais mettre en terre honorablement celui qui nous tira, toi et ton pays, du servage où nous étions, celui qui nous a délivrés, car cela tu le sais bien! »

Et quand le roi entendit le peuple crier, il en eut pitié. Il prit l'écrin et l'ouvrit. Il y avait dedans une charte scellée du sceau de Tristan. Le roi la fit lire à l'archevêque. Elle disait :

« *A son cher oncle, le roi Marc de Cornouailles, Tristan, son neveu, salut. Sire, vous m'envoyâtes en Irlande pour chercher Iseut votre femme. Quand je l'eus conquise et qu'elle me fut livrée pour vous être amenée, sa mère fit faire un baril de vin herbé composé de telle manière qu'il convenait que celui qui en avait bu aimât celle qui après lui en boirait, et elle aussi. Sire, sachez que ce baril fut donné en garde à Brangien; et elle lui défendit que nul n'en bût, excepté vous et Iseut, sa fille, la nuit que vous l'aviez épousée. Sire, quand nous fûmes mis en la mer, il faisait si chaud qu'il semblait que tout le monde allait étouffer. J'eus trop grand soif et demandai à boire; et Brangien, par mégarde, me donna à boire; et je bus, et Iseut but après moi, et depuis une heure ne se passa sans nous entr'aimer. Sire, pour Dieu, raisonnablement, vous voyez bien que ce n'est pas ma faute si j'ai aimé Iseut, puisque je l'ai fait par force. Faites maintenant ce que vous voudrez, et que Dieu vous garde.* »

— Sire, ajouta l'archevêque, dites, après avoir ouï cette lettre, quelle est votre volonté?

Quand le roi Marc apprit que Tristan avait aimé Iseut par la force du vin herbé, que sa volonté n'y avait été pour rien, il fut bien triste et commença à pleurer :

« Hélas! dolent, pourquoi n'ai-je pas su cette aventure? Je les aurais cachés, j'aurais dissimulé jusqu'à ce que Tristan fût parti. Las! voici que j'ai perdu mon neveu et ma femme! »

LE MIRACLE DE LA RONCE

Alors le roi Marc commanda de faire porter les corps en la chapelle, qu'ils y fussent enterrés très richement, comme il appartient à si haute race. Le roi fait préparer deux cercueils, un de calcédoine et l'autre de béryl. Tristan fut mis en calcédoine et Iseut en béryl, et ils furent enterrés, à pleurs et à larmes, l'un à côté de l'autre, dans la chapelle.

Perinis qui était malade et gardait le lit, entendit le bruit; il se leva et vient au cri. Et quand il sut que Tristan et Iseut sa dame étaient morts et enterrés là, il commence sur leurs tombes à mener très grand deuil; et nul ne l'aurait vu sans prendre pitié. Car il dit qu'il ne les quittera plus avant sa mort. C'est pourquoi le roi lui fit construire là une maisonnette, quand il vit qu'il ne voulait plus partir.

Or Hudent, le chien de Tristan, était allé en la forêt où il avait trouvé maintes biches; mais il ne se laisse pas détourner, et le voilà qui court au port, où les corps avaient été placés d'abord; il commence à aboyer, à hurler, et il s'en vient à la trace, droit à la chapelle où les corps avaient été enterrés. Sitôt qu'il vit Perinis, Hudent cour. a lui; il flairait à la trace que le corps de son seigneur était enterré là, et il s'acquitte envers lui s. pitoyablement que chacun s'en émerveille

Là demeurèrent Hudent et Perinis sans boire ni manger; et quand ils avaient fait leur deuil sur Tristan, ils allaient vers Iseut.

Perinis manda Gouvernal et Brangien par un message en Loonois. Et sitôt qu'ils surent la nouvelle, ils montèrent à cheval et chevauchèrent tant qu'ils parvinrent en Cornouailles où ils trouvèrent Perinis et Hudent dans la chapelle où les corps étaient enterrés. Gouvernal, sitôt qu'il vit Hudent, comprit bien que le corps de son seigneur était enterré là; et là où Perinis se tenait, la reine Iseut était enterrée.

Et de la tombe de Tristan sortait une belle ronce, verte et feuillue, qui montait par-dessus la chapelle; le bout de la ronce retombait sur la tombe d'Iseut et entrait dedans. Ce que virent bien les gens du pays qui le rapportèrent au roi Marc. Le roi la fit couper par trois fois; le lendemain, elle était aussi belle et en tel état qu'auparavant.

Ce miracle était sur Tristan et sur Iseut.

Alors Gouvernal et Brangien recommencèrent à pleurer ensemble et à regretter tendrement Tristan leur seigneur et Iseut leur dame. Le roi Marc aurait bien voulu conserver auprès de lui Brangien et Gouvernal, le faire maître de toute sa terre. Mais ils ne voulurent demeurer; ils prirent congé de lui, emmenant avec eux Perinis et Hudent. Gouvernal devint roi de Loonois, Brangien reine; Perinis fut fait sénéchal de toute leur terre. Ainsi ils demeurèrent ensemble jusqu'à ce que Dieu voulut les prendre avec lui. Puisse-t-il faire ainsi de nous!

Ainsi soit-il!

NOTES

1. — *Je renvoie, une fois pour toutes, à la vaste introduction de Joseph Bédier*, Le Roman de Tristan, *par Thomas, poème du XIIᵉ siècle, Paris, 1902, t. I, où il a replacé les cinq fragments de Thomas, comprenant 3.145 vers dans l'œuvre entier restitue (Société des anciens textes français).* Le t. II (1915) *contient l'étude des manuscrits, ce que l'on sait de l'auteur et de ses sources, l'emploi qu'en firent Gottfried de Strasbourg, l'auteur de* Sir Tristam, *la Saga. La deuxième partie etudie les sources de Thomas, et donne une vue considérable sur la formation de la légende de Tristan, comprenant un essai de restitution de tout le poème primitif. Dans les appendices on trouvera les parties anciennes du roman en prose dont nous avons fait usage. — Depuis, M. J. Bédier a résumé son point de vue dans son* Histoire de la Littérature française illustrée, *t. I (Paris, Larousse, 1923), avec la référence à Joseph Loth,* Contribution à l'étude des Romans de la Table Ronde, 1912, *et Gertrude* Shoepperle, *Tristan and Isolt, a study of the sources of Romance, Francfort et Londres, 1912. —* Robert Bossuat *(Le Moyen Age, Paris, Gigord, 1931, dans l'Histoire de la Littérature française, publiée sous la direction de J. Calvet) a donne au chapitre II :* La Littérature courtoise, *une très pénétrante analyse de la « matière de Bretagne ». M. G. Cohen,* Chrétien de Troyes, *Paris, 1931, dans son livre magistral, à propos de* Cligès, *p. 195, et au chapitre VIII, à propos de Lancelot, a présenté les plus utiles remarques sur le sens de l'œuvre, et le milieu où elle se produisit, la cour de Henri II qui épousa Aliénor de Poitiers, et dont la fille fut Marie de Champagne, lesquelles protégèrent Marie de France et Chrétien de Troyes.*

2. — *Neveu du roi Marc, amant d'Iseut la Blonde, mari d'Iseut aux Blanches Mains. — « Drystan, fils de Tallwch, garda les porcs de Marc, fils de Meirchyon, pendant que le porcher allait en message vers Essylt, Arthur, March, Kei et Bedwyr vinrent tous quatre, mais ils ne purent enlever une seule truie, ni par ruse, ni par violence, ni par larcin. »* Drostan de Talorc serait donc un picte (Cf. J. Loth et d'Arbois de Jubainville, et la note de J. Bédier, op. cit., t. II, p. 107).

3. — *Le roi de Cornouailles, oncle de Tristan et mari d'Iseut la Blonde. — Marc signifie cheval dans toutes les langues celtiques. Il a des oreilles de cheval dans le poème de Béroul.*

4. — *La servante d'Iseut, dite aussi Brengain.*

5. — *Riwallus, Riwallo, chez Geoffroy de Monmouth.*

6. — *La Bretagne désigne la Grande Bretagne, aussi bien que la Petite Bretagne ou Bretagne armoricaine.*

7. — *Cornouailles et Cornot, la presqu'île au sud-ouest de la Grande*

Bretagne.

8. — *Tintagel est un rocher assez abrupt, surplombant la mer, avec des ruines, en Cornouailles.*

9. — *Résidence du roi Marc, que l'on identifie avec Lantien, village de Cornouailles, dans la paroisse de Saint-Sampsons, sur la rivière de Fowey.*

10. — *Il ne faut pas oublier qu'au XIIe siècle le domaine de la matière de Bretagne, c'est-à-dire l'étendue du domaine anglo-normand, comprend l'Anjou et l'Aquitaine, et qu'elle trouve aussi, par des mariages, un écho dans les cours de Champagne et de Flandre. Marie de Champagne est la fille de Henri II et d'Eléonore d'Aquitaine.*

11. — *La rote, c'est-à-dire la harpe, accompagnant les lais bretons, joue un grand rôle dans Tristan et formera tout un épisode du Tristan voguant sur la mer.*

12. — *Marie a écrit le lai du chèvrefeuille qui est un épisode inventé à propos de Tristan. Car l'exilé voulant faire savoir à Iseut qu'il est dans le voisinage écrit son nom sur une baguette de coudrier qu'il place sur son chemin Chrétien de Troyes a écrit un Tristan perdu et aussi une Réponse à Tristan dans son Cligès (Cf. G. Gohen, Chrétien de Troyes, p. 195).*

13. — *Nous avons déjà renvoyé à l'admirable édition de M. Joseph Bédier, Paris, 1902-1905, dans la Société des anciens Textes français. On doit aussi à cet éditeur deux poèmes de la Folie Tristan, Paris, 1907, dans la Société des anciens Textes. L'utilité de ces deux poèmes (l'un est conservé à Oxford, l'autre à Berne) est de nous faire connaître la matière complète de Béroul et de Thomas, Tristan fou résumant, ici, sa vie et ses aventures. La Folie Tristan appartient au dernier quart du XIIe siècle*

14. — *M. Ernest Muret a donné une édition en 1903 dans la Société des anciens Textes français et en 1922 dans les Classiques français du Moyen Age : Béroul, le Roman de Tristan, poème du XIIe siècle. — Le nom est « Béroul », et « Berox » au nominatif :*
Berox l'a mex en sen memoire (*v.* 1268).
La ou Berox le vit escrit (*v.* 1790).

15. — Eilhart von Oberge, *hgg. von Franz Lichtenstein, Strasbourg,* 1877.

16. — *Il écrit dans les vingt premières années du XIIIe siècle et l'imagination du Rhénan est douce et délicate. — Nombreuses éditions et traductions (Bechstein, 3e édition, 1890).*

17. — *Rédigé dans le nord de l'Angleterre, entre 1294 et 1330. Sir Walter Scott l'aimait beaucoup, et il en a donné une édition en 1804. M. J. Bédier renvoie à celle de E. Kölbing,* Die nordische und die englische Version der Tristan Sage, Sir Tristrem, *1883.*

18. — *Dite du manuscrit Douce du nom de son ancien possesseur, sir Francis Douce, aujourd'hui à la Bodleienne d'Oxford, publiée par Bédier dans les Anciens Textes français.*

19. — *Voir la* Tavola Ritonda o l'Istoria di Tristano, *ed. F. L. Polidori, Bologne, 1864-1865.*

20. — Tumas fine ci sun escrit :
A tuz amans saluz i dit.

21. — *La légende du Minotaure vivait pour tout lecteur de Virgile à travers les Scolies de Servius, IIIe siècle*

22 — *La seconde partie contient une allusion à l'épidémie de peste qui sévit parmi les Croisés au siège de Saint-Jean-d'Acre (1190-1191).*

23. — *Ce remanieur est un religieux qui traduisit pour son patron, grand collectionneur de romans français, la chanson d'*Elie de Saint-Gilles

24. — *Saga est un terme générique que l'on pourrait traduire simplement par dit, un conte, un récit, désignant surtout les traditionnels récits scandinaves, généralement placés en Islande (a.g., sagen) Voir Eugen Kölbing :* Die nordische und die englische Version der Tristan Sage, Heilbron, 1878, *auquel renvoie M. J. Bédier.*

25 — *Cf Emile Mâle et H. Stein, et le résumé donné par Franz Funck-Brentano,* Le Moyen Age, 1922, *pp 227-229.*

26 — *Les serviteurs du roi féodal.*

27. — *Tome I.*

28 — *Ce terme désigne l'action de faire un chevalier en le frappant littéralement d'un coup sur l'épaule.*

29. — *Il y avait deux types de rote, l'une où les cordes étaient pincées, l'autre où elles étaient mises en vibration au moyen d'un archet. Les deux instruments étaient dérivés du crwth gallois. (Voir Th Gérold,* La Musique au Moyen Age, *Paris, 1932, pp. 385-386.)*

30. — « *La Royne acoucha d'un filz, qui ot à non Jehan; et l'appeloit on Tristan, pour la grande douleur là où il fut né.* » Joinville, Œuvres, *éd. Natalis de Wailly, Paris, 1867, p. 264.*

31. — *Voir E. Loeseth,* Le Roman en Prose de Tristan, le Roman de Palamède et la compilation de Rusticien de Pise, analyse critique d'après les manuscrits de Paris, *Paris, 1890, dans la* Bibliothèque de l'Ecole des Hautes Etudes, 82e fasc. *L'examen des sources de Tristan en prose a été repris par E. Vinaver,* Etude sur le Tristan en prose, *Paris, 1925, avec une bibliographie critique, et du même auteur :* Le Roman de Tristan et Iseut dans l'Œuvre de Thomas Malory, *Paris, 1925. Cf. aussi F. Lot :* Etude sur le Lancelot en prose, *dans la* Bibliothèque de l'Ecole des Hautes Etudes, fasc. 226.

32. — *Comme on devine toujours le clerc chez Thomas! Antoine de la Salle ne dira pas mieux dans* le Petit Saintré.

33 — *Le cheval de guerre, mené à la main par l'écuyer.*

34 — *Le maniement d'armes.*

35 — *Il s'agit de la lutte que les rois et les princes ont pratiquée jusqu'au XVIe siècle.*

36. — *Une lance courte.*

37 — *C'est ce que nous dit Ambroise Paré.*

38. — *Son chef-d'œuvre sera le* Livre Royal de la chasse.

39 — *C'était aussi la science de Charles IX, pour le grand scandale d'un élève des Jésuites, Papire Masson, écumeur de latin, qui n'entendait rien à la tradition et y vit le signe le plus net d'une cruauté sanglante.*

40. — *Générosité, le type de la grandeur incarné par Alexandre, proverbialement.*

41 — *Plaute :* amare, mare, amarum

42 — *Du navire*

43 — *La grotte dans la forêt.*

44. — *On doit cette magnifique traduction à M Joseph Bédier, t. I, pp. 234-235.*

45 — *Manteau long des hommes comme des femmes.*

46. — *Il faudrait rappeler la haute culture des abbayes normandes*

47 — *Lovedrinc, lovendrant Ce mot indique que le poème est bien ne dans le milieu bilingue anglo-normand, qui était aussi celui de Marie de France qui a nommé le chèvrefeuille gotelef, le rossignol nightigale et le loup-garou bisclavret et garwalf Cf Joseph Bédier, t II, pp 128-129*

48 — *Voir Gustave Cohen,* Chrétien de Troyes

49 — Le Roman de Tristan et Iseut, traduit et restauré par Joseph Bédier, préface de Gaston Paris, *Paris, 1900, in-8° Les éditions sont très nombreuses Voir aussi* Le Roman de Tristan et Iseut renouvelé par Joseph Bédier, *illustrations de Maurice Lalau, éd d'art H. Piazza, in-4°*

50. — *M J. Bédier a publié les parties anciennes du roman en prose française à la fin du t. II de son* Roman de Tristan par Thomas, *pp. 321-395.*

51 — *Le manuscrit date de 1470 environ. — La mention de l'inventaire est antérieure à 1518, date à laquelle Guillaume Petit fit son catalogue. C'est la grande compilation donnée à Luce de Gast dont le prologue a été analysé par Paulin Paris,* Manuscrits françois, *I, p. 118*

52. — *C'est pour le Roy Des histoires et livres en françois, pulpito second entre la premiere et la seconde croysée contre la muraille vers les fossés Bloys, «* LE ROMMANT DE TRISTAN ET YSEULT *»*

53. — *La Bibliothèque de Blois contenait une suite importante des Histoires de la Table Ronde. Cf. H. Omont*, Cat. de la Bibliothèque de Blois, *t. I, p. 215. — J'ai déjà renvoyé à l'étude très remarquable de E. Loeseth (Paris, 1890), travail dont G. Paris avait senti tout le prix, et qu'il inspira. La version en prose ouvre à Tristan le domaine italien, anglais, allemand, danois, et profite de l'essor nouveau de l'imprimerie.*

54. — *M. Loeseth a compté rien qu'à la* Bibliothèque Nationale 24 manuscrits.

55. — *J Bédier,* Le Roman de Tristan par Thomas, *t. II, p. 191.*

56. — *C'est l'une des récentes conclusions de celui qui a voyagé si longtemps avec Tristan, que ce roman est l'œuvre des trouvères anglo-normands, qui l'ont porté à la vie en Angleterre : et que par conséquent, c'est du génie français que la légende a reçu sa « puissance dramatique qui l'impose encore à notre imagination »* (Joseph Bédier, Histoire de la Littérature française illustrée, *Paris, Larousse, t. I, p. 22).*

57. — *Il y aurait beaucoup à dire sur la renaissance des lettres classi-ques à cette époque en Normandie dans les grandes abbayes et dans leurs liens avec l'Angleterre.*

58 — *On montrait à l'intérieur de la cathédrale un sarcophage d'un style barbare qui passait pour être le tombeau du roi Cohan Mériadec. — Meliadus est roi de Léonois. Mériadoc le nom du mauvais conseiller de Marc.*

TABLE

Impression réalisée sur Presse Offset par

BRODARD & TAUPIN

GROUPE CPI

27964 – La Flèche (Sarthe), le 28-02-2005
Dépôt légal : 3ᵉ trimestre 1979
Suite du premier tirage : mars 2005

POCKET – 12, avenue d'Italie - 75627 Paris cedex 13
Tél. : 01.44.16.05.00

Imprimé en France

CONTENTS

Words appearing in the text in bold, **like this**, are explained in the glossary.

A MASTER STORYTELLER

There is no other modern author who has written such a variety of books as Philip Pullman. Among the wealth of his work are **graphic novels**, plays, fairy stories, **mythic** tales, Victorian **melodrama**, **gothic horror** stories, and **contemporary** novels. He has also written a hugely imaginative **trilogy** which has instantly become a modern classic and won him fans from all over the world.

Most writers' work appeals only to certain groups of people, such as children or adults, boys or girls. However, Philip's books have crossed all the usual boundaries and are cherished by readers of all ages and both sexes. His stories have sold millions of copies worldwide and have won many awards.

This is the face behind the stories.

Writers Uncovered

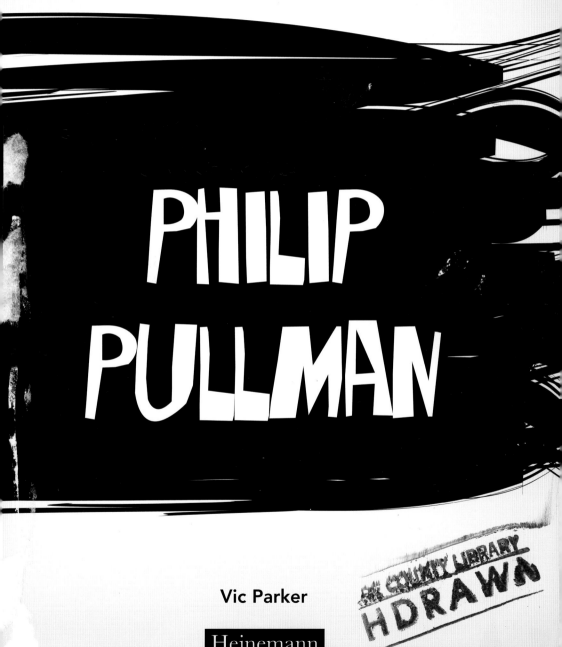

PHILIP
PULLMAN

Vic Parker

Heinemann
LIBRARY

www.heinemann.co.uk/library
Visit our website to find out more information about Heinemann Library books.

To order:

☎ Phone 44 (0) 1865 888066
📄 Send a fax to 44 (0) 1865 314091
💻 Visit the Heinemann bookshop at www.heinemann.co.uk/library to browse
our catalogue and order online.

First published in Great Britain by
Heinemann Library, Halley Court, Jordan Hill,
Oxford OX2 8EJ, part of Harcourt Education.

Heinemann is a registered trademark of
Harcourt Education Ltd.

Editorial: Charlotte Guillain and Dave Harris
Design: Richard Parker and Q2A Solutions
Picture research: Hannah Taylor and Bea Ray
Production: Duncan Gilbert

Originated by Chroma Graphics (O) Pte Ltd.
Printed and bound in China by
South China Printing Company

British Library Cataloguing in Publication Data
Parker, Vic
  Philip Pullman. – (Writers uncovered)
  823.9'14
A full catalogue record for this book is
available from the British Library.

Acknowledgements
The publishers would like to thank the
following for permission to reproduce
photographs:
Advertising Archive p. **9**; Alamy Images
p. **13** (Oxford Picture Library); ArenaPAL
p. **39** (Marilyn Kingwill); Bridgeman Art Library
pp. **12** (Fitzwilliam Museum, University of
Cambridge, UK), **14** (Private Collection,
© Agnew's, London, UK); Camera Press
pp. **23** (Eamonn McCabe), **42** (Ian Lloyd);
CILIP p. **36**; Corbis p. **20** (Adam Wollfitt);
David Fickling Books p. **19**; Eastern Evening
News p. **6**; Empics/PA p. **37**; Fremantle
Media p. **22**; Getty Images p. **21** (Dorling
Kindersley); Mary Evans Picture Library p. **7**;
National Maritime Museum p. **8**; Oxford
University Press p. **16**; Philip Hollis p. **38**;
Polka Theatre pp. **15**, **17**; Puffin p. **10**;
Random House pp. **27**, **29**, **31**; Rex Features
pp. **24** (Francesco Guidicini), **4** (Sutton-
Hibbert); Scholastic pp. **18**, **33**, **35a**, **35b**,
35c; Ysgol Ardudwy School p. **11**.

Every effort has been made to contact
copyright holders of any material reproduced
in this book. Any omissions will be rectified
in subsequent printings if notice is given to
the publishers.

The paper used to print this book comes
from sustainable resources.

Why do readers love Philip Pullman stories?

Philip's stories are crammed full of atmosphere, hair-raising plotlines, captivating characters, attention-grabbing drawings, thought-provoking ideas, and references to other books and writers. His tales are action-packed, full of nail-biting suspense and cliffhangers. They are hugely unpredictable: the "goodies" often die and the "baddies" often get off without being caught.

If you dive into a Philip Pullman book, you cannot begin to guess what lies in store, but you can be certain you are off on a breathtaking adventure.

FIND OUT MORE...

Here are some of Philip's favourite things:

Favourite TV show...	*Sergeant Bilko.*
Favourite movie stars...	Laurel and Hardy.
Favourite poem...	As a child, Philip loved the poem *Invictus* by W E Henley – it made him feel proud and courageous.
Favourite sport...	Philip likes sport – but he prefers watching it on television rather than doing it himself.
Favourite hobbies...	Drawing, making things from wood, playing the piano.
Favourite music...	Philip loves all kinds of music – classical and jazz in particular. He cannot have music playing while he is writing as he finds it distracting, but he likes listening to music if he is drawing or woodcarving.

PHILIP GROWS UP

Philip Pullman was born in Norwich on 19 October 1946. His mother was called Audrey and his father was called Alfred. The couple soon had another son, who they named Francis.

Travels abroad

Philip's father was an RAF fighter pilot. His job took him all around the world, and the family moved with him from airbase to airbase. Philip and Francis did not see much of their father, because he was often away on flying missions.

However it was a terrible shock when Alfred was killed in a battle in Kenya, when Philip was just seven.

INSIDE INFORMATION

The main characters in Philip's stories are often without one or both of their parents. For instance, in *The Firework-Maker's Daughter*, Lila lost her mother when she was young, and in *The Ruby in the Smoke*, Sally Lockhart is a sixteen-year-old orphan.

This photo was taken when Philip collected a medal from the Queen at Buckingham Palace with his mother and brother. The medal was called a Distinguished Flying Cross, and it was awarded to Philip's father after he died.

Inspiring storytellers

Back in Britain, Philip's mother found a job in London. Her cramped **lodgings** and long working hours meant it was better for the boys to live with their grandparents and a great-aunt in Norfolk. Philip's grandfather was a **clergyman**, and although the boys did not enjoy church and Sunday School, they liked living in his rambling **rectory** with its huge garden. They also enjoyed rummaging through the parish play costume collection.

Best of all, Philip's grandfather was a wonderful storyteller. He invented exciting tales about local places, giving them intriguing names from cowboy movies and the story-poem, *Hiawatha*. A teacher at Philip's school, Mr Glegg, also read spellbinding stories and poems aloud, such as *The Rime of the Ancient Mariner*. Philip began to wonder if he could be a writer one day.

The Song of Hiawatha was written by Henry Wadsworth Longfellow in 1858.

" Streaked with crimson, blue and yellow,
Crested with great eagle feathers."
" The Song of Hiawatha."—*Longfellow.*

Sailing the seven seas

When Philip was eight years old, his mother remarried. His new stepfather was also a pilot in the RAF, who was soon sent to a base in Australia. Once again, Philip found himself voyaging around the world by ocean liner, the way everyone travelled long distances in those days. During the journey, both Philip and Francis were unlucky enough to come down with a nasty illness called scarlet fever. Confined to their cabin, they built forts and castles from a kit and spent days acting out battles between good and evil forces.

FIND OUT MORE...

Philip has said: "There's nothing like setting out on a long voyage, and beginning a long story is like that ... There's a large world in front of you ... You're going to go exploring..."

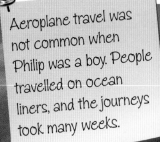

Aeroplane travel was not common when Philip was a boy. People travelled on ocean liners, and the journeys took many weeks.

Philip's imagination was fired by comic-book tales of superheroes.

Life down under

In Australia, Philip came across comic books for the first time. These featured superheroes such as Batman and Superman, and told stories in an entirely new combination of words and pictures. Philip also decided that the Australian children's classic *The Magic Pudding* by Norman Lindsay was the funniest book he had ever read. He made up his mind that he definitely wanted to be a storyteller more than anything else.

Australian radio inspired Philip to invent his own tales. One of his favourite radio shows was about a kangaroo that kept repair tools in its pouch and had all sorts of adventures. Every night, when Philip and his brother were tucked up in bed, Philip would sing the kangaroo show's theme tune, then make up his own adventure.

9

Putting down roots

When Philip was ten, the family moved back to Britain. His mother had had another son and a daughter, and his stepfather resigned from the RAF to work as a **civilian** pilot. They settled in Llanbedr in North Wales, in a hillside house surrounded by woods. Philip loved the wild countryside and spent days exploring. He adored ghost stories and scared his brother and friends by making up his own spinechillers about a tree they called "the Hanging Tree". Besides reading ghost stories, Philip enjoyed the *Moomin* books of Tove Jansson, the *Swallows and Amazons* novels of Arthur Ransome, and story called *A Hundred Million Francs* by Paul Berna. Philip was also passionate about poetry.

A Hundred Million Francs is a story about a group of children who find some hidden money. Philip was inspired by this picture, and he says that it helped him create the character of Lyra Belacqua many years later.

Teenage years

As Philip grew older, he liked to spend free time painting and playing the guitar. He also read books such as the *Sherlock Holmes* stories of Arthur Conan Doyle, Homer's *Iliad* and *Odyssey*, and *The Picture History of Painting* by H.W. and D.J. Janson. Philip loved the poetry of Dylan Thomas and John Donne, and spent hours creating his own poems, experimenting endlessly with the rhythm of words.

Philip was encouraged in his writing and reading by a wonderful English teacher named Enid Jones at his secondary school in Harlech. Philip has kept in touch with Enid to this day, and sends her a copy of each new book he has published.

FIND OUT MORE...

Enid Jones introduced Philip to John Milton's mighty poem, *Paradise Lost*. It had a great effect on him, and is where he came across the phrase "his dark materials".

Here Philip is giving copies of his books to the teachers at his old school.

At the age of eighteen, Philip became the first pupil from his school ever to go to Oxford University. He even won an entrance exam award called a **scholarship**. Looking back, Philip wishes he had gone to art school instead of university. He thought his English course at Oxford was a let-down. There was only one hour a week on the timetable for discussion of all the hundreds of books he had to read. However, he loved the beautiful, ancient city itself. Philip also enjoyed acting in drama groups, playing his guitar, and singing folk songs.

INSIDE INFORMATION

A favourite writer Philip studied at university was William Blake. His books include *The Marriage of Heaven and Hell*, *Songs of Innocence* and *Songs of Experience*.

William Blake was an artist as well as a writer. Philip also enjoys creating illustrations for his own books.

This is the part of Oxford University where Philip studied, called Exeter College.

Work in progress

During his last year at university, Philip came across *The Master and Margarita* by Mikhail Bulgakov. The story was about the devil and his servants arriving in Moscow. Philip only read the description on the back of the book, but this struck a chord – he knew he wanted to write stories that mixed everyday life with fantastic ideas.

The day after finishing his university exams in 1968, Philip started writing a novel. However, he also had to make a living. Philip worked at a famous men's clothes shop in London called Moss Bros, and then he became an assistant librarian. All the time he continued to write. He also got married in 1970, to a teacher named Jude. Philip decided that he could also be a teacher while continuing to write. So he went to college in Weymouth for a year and obtained a teaching qualification.

Settling down

Philip and Jude settled in Oxford, where they have lived ever since. They went on to have two sons, Jamie and Tom. Philip gave up on his first novel, but his second won a competition for young writers – although today Philip thinks it is total rubbish! This was a thriller for adults called *The Haunted Storm*. It was published in 1972, the same year that Philip began teaching English to middle-school children.

Back to school

Philip discovered that he taught best through storytelling. He used ancient **myths** and classic tales such as Homer's *Iliad* and *Odyssey* to examine language, characters, plots and **themes**, and how these related to real life. This inspired him to write a book on **ancient civilizations**, which was published in 1978.

Homer's *Iliad* and *Odyssey* are dramatic tales of war, heroes, gods, and goddesses.

Success!

Philip was still writing fiction, and in 1978 he had an adult **science-fiction** novel published, called *Galatea*. He was also busy creating school plays. These were larger-than-life dramas with wild characters, fantastic scenes, and adventurous plots. Philip had the idea of retelling them as young people's novels. The first, a ghost story called *Count Karlstein*, was published in 1982. The second, a melodrama featuring a sixteen-year-old Victorian orphan called Sally Lockhart, was published in 1985. Titled *The Ruby in the Smoke*, it won the International Reading Association Children's Book Award.

FIND OUT MORE...

A melodrama has an action-packed plot in which a hero and heroine struggle to overcome an evil villain. They were popular entertainment in Victorian times, as theatre plays or as stories for reading aloud to friends. Melodramas were accompanied by music, to help show characters and to raise the level of excitement, danger, and suspense.

A scene from a melodramatic play featuring the Victorian detective, Sherlock Holmes.

Words, words, words!

One reason why Philip was drawn to writing plays was because he was fascinated with the way people speak, and recreating this in his **dialogue**. Listening to teenagers talking inspired Philip to begin his next book: *How To Be Cool* – the plot grew out of the language, as Philip thought about how some words, phrases and conversation subjects were "in" and some were "out". Philip was as comfortable with Victorian dialogue as with modern-day speech, and in 1986 he wrote another Sally Lockhart story, *The Shadow in the Plate* (which was later retitled *The Shadow in the North*).

HAVE A GO

If you would like to write like Philip, try thinking up a modern-day character and a Victorian character. What might they say to each other if they somehow met? Write out their conversation and then read it aloud with a friend. Do you think it sounds realistic?

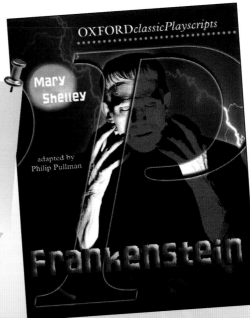

Philip turned the famous 19th-century novel *Frankenstein*, by Mary Shelley, into a script for a play.

The Polka Theatre was the first theatre in the United Kingdom that was just for children when it opened in 1979.

Teaching teachers

Philip's books were selling well enough for him to work part-time instead of full-time, teaching student teachers at Westminster College, Oxford. They explored creative writing ideas and how to use all sorts of literature in the classroom, including Victorian novels, folk tales, ancient myths and poems, and picture books.

Philip had more time for his own writing, such as *Spring-Heeled Jack* (1989). He created another Sally Lockhart story, called *The Tiger in the Well* (1990), and a story based on characters from the Sally Lockhart books, *The Tin Princess* (1994). He wrote two very different, contemporary novels: *The Broken Bridge* (1990) and *The White Mercedes* (1992, later retitled *The Butterfly Tattoo*). Philip also wrote plays for the Polka Theatre in Wimbledon, London, based on Mary Shelley's *Frankenstein* and Arthur Conan Doyle's *Sherlock Holmes*.

Creating modern classics

In 1993, Philip began work on a trilogy of novels, called *His Dark Materials*. This was even more inventive, and much more ambitious, than anything he had previously written. He imagined different universes, sometimes similar in many ways to ours, but also with many magical differences. Philip involved exciting ideas from literature, science, and religion. He worked with many linked plot lines and different layers of meaning.

When the first novel, *Northern Lights*, was published in 1995, it amazed readers and critics worldwide. It won several major book awards and flew off the bookshelves in such huge quantities that Philip was able to give up teaching to concentrate on writing full-time.

 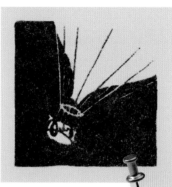

These are pictures from two of the chapter headings in *Northern Lights*.

Telling tales

His Dark Materials took seven years to complete. However, Philip continued writing shorter tales at the same time. He created more Victorian adventures, about a group of characters called "the New Cut Gang". *Thunderbolt's Waxwork* was published in 1994 and *The Gas-Fitters' Ball* in 1995. He also wrote several fairy stories. Some were original tales, such as *The Firework-Maker's Daughter* (1995) and *Clockwork* (1996). Others were inspired by existing tales, for instance, *I Was a Rat!* (1999) sprang from *Cinderella*.

Philip's top tips for budding writers are:
- Read, read, and read some more!
- Find somewhere relaxing to write and do not always worry about planning first.
- Do not try to write what other people tell you to write. Write what you want to write, how you want to write it.

John Lawrence drew illustrations for *Lyra's Oxford*, a book linked to the *His Dark Materials* trilogy.

Philip has used his memories of living in the beautiful countryside of North Wales in his writing.

Inspiration from real life

Philip's writing is very imaginative. He does not base his characters on himself or people he knows; he invents them all. Philip is especially good at dreaming up courageous girls, such as Sally Lockhart and Lyra Belacqua, outsize villains such as Count Karlstein and Mrs Coulter, and mythical, magical creatures, such as armoured bears and Gallivespians.

However, Philip does use settings familiar to him. For instance, he put the Welsh countryside he knew in his teenage years in *The Broken Bridge*. And he used his home city of Oxford as a basis for the parallel worlds in *His Dark Materials*. Philip also looks to his interests for inspiration, such as the Victorian era and cutting-edge science. He has also put his personal thoughts about religion into his work.

Ideas from other stories

Philip has said that he has stolen ideas from every book he has ever read. He sometimes makes it apparent if he has particular writers and works in mind by including quotations from them in his stories. Other times, he leaves you the pleasure of spotting individual influences for yourself! Many different general styles of book have also inspired him. For instance, comic books led him to experiment with the way drawings can help tell a story, in the graphic novel versions of *Count Karlstein* and *Spring-Heeled Jack*.

Philip has also used ancient **narrative forms** such as the "story within a story" – a device which dates back to the *Arabian Nights* and beyond. He always adds plenty of his own original ideas – which Philip says he gets by sitting quietly for a long time and thinking hard!

INSIDE INFORMATION

Philip thinks that one of his best ideas was that of dæmons – the animal **familiars** people have in *His Dark Materials*. You cannot choose your own dæmon; it is a reflection of your true nature which is changeable during childhood but becomes fixed during **adolescence**. Philip suspects that his dæmon would be a jackdaw or a magpie, because he likes collecting unusual objects which catch his eye. What do you think your dæmon might be? Your friends may have some interesting suggestions.

Being Philip Pullman

Today, as a best-selling, world-famous author, Philip is kept extremely busy giving interviews and talks, appearing on television and radio, and meeting his fans at schools, libraries, and bookshops. On days when he has time to write, he begins at around half-past nine in the morning and works until lunchtime. Afterwards, he watches *Neighbours* and spends the afternoon drawing, making things out of wood, or practising his piano-playing.

INSIDE INFORMATION

Philip loves dictionaries and reference books of any sort, but particularly those to do with language. He sometimes flicks through books like this to help him invent characters' names. He got the name Serafina Pekkala, a witch in *His Dark Materials*, from flicking through a telephone directory from Helsinki in Finland!

Philip finds it fascinating to watch how the storylines of the television soap *Neighbours* unfold week after week.

Philip used to work in a shed, like the author Roald Dahl.

Philip's space

For years, Philip worked in a big shed at the bottom of his garden. He had a writing table and chair in there, with a comfy armchair. The shed was filled with dust, cobwebs and rubbish, and was overflowing with piles and piles of books, stacks of jiffy bags, heaps of manuscripts and drawings, and all sorts of writing equipment. But it also had lots of interesting items, which Philip has around him to stimulate his writing, such as a six-foot long stuffed rat from one of his Sherlock Holmes plays, masks, a saxophone, and stones from Prague and Mont Blanc. Now Philip has moved to a big house with a large, indoor study. This is where he keeps his power tools, two guitars, an accordion, and all his treasured possessions, as well as where he does his writing.

Ever since Philip began writing, he has worked on his stories every day. He writes **longhand**, using a ballpoint pen on narrow-lined A4 paper. He makes sure he completes three pages every day, which is about 1,100 words. Then he stops – but not before he has written the first sentence on the next page, so he never has to begin the following morning with a blank page facing him. When he finishes a story, he types it up on a computer.

Philip now works in a comfortable study with a big window.

Thinking in pictures

Philip does not start a story by thinking of an idea or a theme. Instead, he nearly always begins from a picture that pops into his head from nowhere. *His Dark Materials* began with a picture of a little girl overhearing something she wasn't supposed to overhear.

Philip jots down the pictures he sees in his mind's eye on yellow sticky notes. He thinks about what might connect them together, and writes brief sentences on other stickies summarising more possible scenes. Then he sticks all the notes – often fifty or sixty – on a huge piece of paper, and moves them all around to get the best order. This way, Philip creates the outline of a story, although he has not thought about any detail. When he starts writing, his characters develop lives of their own and the story takes itself off in new, exciting directions.

Finishing touches

Philip reworks a story many times before he is finally happy with it. But he thinks you can "polish a story so hard it vanishes under the gloss". He says that the best stories are like paintings in which you can see the brushstrokes – they show the energy and life of the human hand that is behind them, along with a few rough edges here and there!

FIND OUT MORE...

Philip has a very visual imagination. His sheet of sticky notes works rather like an artist's storyboard. Some of Philip's favourite illustrators include Peter Bailey, Ian Beck, and John Lawrence, all of whom he has had the honour of working with. Philip drew the illustrations that were used with the chapter headings in the first two books of *His Dark Materials* himself. You can see two of them on page 18 of this book.

COUNT KARLSTEIN

Main characters

Count Karlstein .... an evil villain
Arturo Snivelwurst ..... the Count's manservant
Lucy and Charlotte .... Count Karlstein's orphan nieces
Hildi .... a good-hearted maidservant in Count Karlstein's castle
Peter .... Hildi's brother, who is in hiding from the police for suspected poaching
Augusta Davenport ... a plucky Englishwoman, a teacher from Lucy and Charlotte's old school
Eliza .... Augusta's maid
Dr Cadaverezzi .... an amazing conjuror
Max .... Dr Cadaverezzi's assistant and Eliza's long-lost **fiancé**

**Sergeant Snitsch
and Constable
Winkelburg** .... two bumbling policemen
Meister Haifisch .... a cool, calm and collected lawyer
Zamiel .... the Demon Huntsman

The plot

The scene is snowy Switzerland, the year is 1816. The dastardly Count Karlstein lives in a castle high above Karlstein village. He has made a terrible bargain with Zamiel, the Demon Huntsman. In return for money and status, the Count has forfeited the lives of his own nieces, Lucy and Charlotte – unbeknown to them. It will soon be All Souls' Eve, when Zamiel will be coming to collect his terrible prize.

When the girls go missing, the desperate Count is thrown into a hunt of his own. It is not an easy search – the village is bustling with visitors who have arrived for a shooting contest; the mysterious magician, Dr Cadaverezzi, is creating havoc; and the girls' former teacher, Miss Davenport, is determined to get to the bottom of their disappearance herself. The local police do not know which way to turn! Will anyone rescue Lucy and Charlotte – or will they meet a terrible fate?

INSIDE INFORMATION

In *Count Karlstein*, Philip has added his comic flair to the gothic horror tales which were popular in the 18th and 19th centuries. These scary stories were atmospheric, suspenseful thrillers, set in far-flung places. They often included ruined castles and crumbling mansions, full of mysterious, **macabre** goings on, curses and superstitions, and supernatural hauntings.

PHILIP PULLMAN

WINNER OF THE SMARTIES PRIZE
AND THE CARNEGIE MEDAL

The story *Count Karlstein* was published as a book in 1982.

COUNT KARLSTEIN

or THE RIDE OF
THE DEMON HUNTSMAN

THE FIREWORK-MAKER'S DAUGHTER

Main characters

Lalchand.................... a Firework-Maker
Lila............................ the Firework-Maker's daughter
Chulak...................... Lila's friend, and personal servant
                       to Hamlet
Hamlet .... the King's White Elephant – whom
                       only Chulak and Lila know can talk
Ravanzi..................... the terrifying Fire-Fiend
the Goddess of the
    Emerald Lake .... who helps Lila
Rambashi .... an ex-chicken-farmer, turned chief
                       of the River Pirates, turned restaurant-
                       owner, turned singing group leader

Dr Puffenflasch,
    Signor Scorcini,
    and Colonel Sam
    Sparkington .... Firework-Makers
the King.................... who holds Lila's father's life in his hands

The plot

Lila lives "a thousand miles ago, in a country east of the jungle and south of the mountains". More than anything else in the world, she wants to be a Firework-Maker like her father. But her father tells a secret to her friend, Chulak. Every Firework-Maker must travel to the Grotto of Razvani, the Fire-Fiend, and bring back some Royal Sulphur – an ingredient which makes the best fireworks.

The determined Lila undertakes a perilous journey, only to find that there is no such thing as Royal Sulphur, and that her actions have led to her father being thrown into prison and sentenced to death. The King agrees to spare Lila's father – but only if he and Lila can together win a competition between the finest Firework-Makers in the land.

The Firework-Maker's Daughter was published in 1995.

INSIDE INFORMATION

Philip has said that the idea for *The Firework-Maker's Daughter* came from his childhood when, every Guy Fawkes' Night, his family held their own firework display. Philip was captivated by the exploding, colourful bursts of stars, with their bangs, whizzes and whooshes, but he loved the exciting names of the fireworks just as much. In *The Firework-Maker's Daughter*, he gave himself the chance to make up his own names, including Java Lights, Crackle-Dragons, Golden Sneezes, and Tumbling Demons.

CLOCKWORK

Main characters

Karl .... **apprentice** to the clockmaker
of Glockenheim
Fritz .... the town storyteller
Gretl .... a kind, brave **taverner's** daughter
Dr Kalmenius .... a clockwork-maker so famous that
stories are told far and wide about
him and his amazing creations.

Prince Otto and
Princess Mariposa ... about whom, Fritz tells a story
Prince Florian.............. the Prince and Princess's clockwork
son, who needs a human heart to
survive
Sir Ironsoul .... an amazing but sinister clockwork
figure of a knight in armour

The plot

One snowy night, in a tavern in a small German town of Glockenheim,
Fritz starts to tell his new story: a macabre tale of a tragic little prince
and the magical clockworkmaker, Dr Kalmenius. Before Fritz has a
chance to finish, the tavern door opens and in walks – Dr Kalmenius
himself! He has come on a long journey to witness the unveiling of a
new figure for the famous moving clock of Glockenheim. But Karl, the
clockmaker's apprentice who is responsible for creating the new figure,
has failed to invent anything.

Dr Kalmenius leaves Karl with what seems to be the perfect solution: a clockwork knight called Sir Ironsoul, who moves at the word "devil" and stops at a secret whistle. Then the taverner's daughter, Gretl, comes across another perfect clockwork model, of a tragic little prince. She realizes that something very strange is afoot. The secret can only lie with Fritz and his story.

INSIDE INFORMATION

"Clockwork" is the perfect title for this story because it not only gives you an idea of what the story is about, it also reflects the structure. One story fits inside another, which fits inside another, with additional bits of text fitting inside all of these – just the way the big and small cogs fit together in a piece of clockwork.

PHILIP PULLMAN

Clockwork

or All Wound Up

'Exciting, scary, romantic and deliciously readable'
Guardian

Clockwork was published in 1996.

THE "SALLY LOCKHART" NOVELS

Main characters

Sally Lockhart .... a courageous young orphan woman

Jim Taylor .... Sally's close friend – an office-boy turned melodrama-writer and private detective

Frederick Garland .... a London photographer, with whom Sally falls in love and sets up a business

Mrs Holland .... an opium-house owner set on acquiring a precious treasure

Mr Mackinnon .... a music-hall magician and psychic, with a secret love

Axel Bellmann .... a rich financier

Ah Ling .... real name: Hendrik van Eeden – dastardly member of a secret society called The Seven Blessings

Dan Goldberg .... a good-hearted man whose mission in life is to improve life for poor and powerless people in Victorian society

Sarah-Jane Russell ... nurse to Sally's daughter, Harriet, secretly in love with Jim Taylor

The plots

The Ruby in the Smoke is the first novel featuring Sally Lockhart. She is on a quest to understand a mysterious message left to her when the man she believes was her father died in the South China Sea. Sally finds herself caught up in a dangerous **intrigue** involving letters, opium, and a priceless jewel. Luckily, she finds courageous friends to help her fend off the evil villains who surround her.

In *The Shadow in the North*, Sally has become a financial consultant. A shipping business which she had recommended as an investment has strangely failed, so Sally sets about investigating. She uncovers fraud, murder, and the manufacture of a secret war machine. Sally and her friends place themselves continually in peril, to the great cost of one of them.

In *The Tiger in the Well*, Sally is bringing up a daughter, Harriet, on her own. Out of the blue, she receives a petition for divorce – even though she has never been married! Under the Victorian legal system, Sally stands to lose everything – including her daughter.

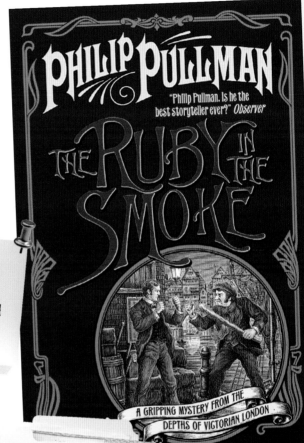

The Ruby in the Smoke was published in 1985.

INSIDE INFORMATION

The "Sally Lockhart" novels focus attention on many Victorian social issues, such as mass poverty, drug-taking, scandal over unmarried mothers, and the powerlessness of women in the eyes of the law. However, Philip writes about this gritty **realism** in the theatrical, comical style of Victorian melodrama, with braver-than-brave heroes and heroines; dastardly, cloaked villains; fortunate and unfortunate coincidences; and just-in-the-nick-of-time escapes.

HIS DARK MATERIALS

Main characters

Lyra Belacqua .... a girl who lives in another world, in a place similar to Oxford in our world (she is later given the name Silvertongue)

Pantalaimon .... Lyra's dæmon (an animal **familiar** – a constant companion)

Lord Asriel .... a scholar and politician, Lyra's father

Mrs Coulter .... a church leader, Lyra's mother

Iorek Byrnison .... an armoured polar bear

Lee Scoresby .... a Texan hot-air balloonist

Serafina Pekkala .... queen of a witch clan

the gyptians .... boat-people, Lyra's friends

Will Parry .... a twelve-year-old boy from our world

Dr Mary Malone .... a scientist in our world conducting experiments into what she calls "Shadows" – what people in Lyra's world know as "Dust"

The plot

Philip has described *His Dark Materials* as one story in three parts. *Northern Lights* focuses on Lyra, who lives in a world similar to ours. She hears talk of this parallel world and of "Dust" – invisible particles which gather around human beings. She is determined to find a number of children who have mysteriously gone missing, and in doing so, uncovers an evil Church plot.

The Subtle Knife starts in our world, and tells how Will Parry stumbles through a window in the air to Cittagazze, an eerie place between millions of different worlds. There he meets Lyra, and becomes embroiled in her struggle against the forces of evil.

At the beginning of *The Amber Spyglass*, Will and Lyra have been split up. Representatives from the Church are hunting out Lyra to kill her – but the determined Will finds her first. Together, they make a treacherous journey to the underworld of the dead. Finally, their fight to establish good, justice and truth in the universe requires them to make a terrible sacrifice.

INSIDE INFORMATION

Even though the story features different universes and many imaginary creatures, Philip insists that *His Dark Materials* are "stark realism" rather than fantasy. He means that the main focus of his novels is on the experience of growing up, rather than on witches, wizards, and magic.

Northern Lights was published in 1995, The Subtle Knife in 1997, and The Amber Spyglass in 2000.

PRIZES, POINTS OF VIEW, AND PERFORMANCE

Philip has won many prizes for his work, including these major awards:

- *The Firework-Maker's Daughter* won a Gold Medal at the Smarties Book Awards.
- *Clockwork* won a Silver Medal at the Smarties Book Awards and was **shortlisted** for the two most prestigious prizes in the book publishing industry: the Carnegie Medal and the Whitbread Children's Book Award.
- *Northern Lights* won both the Carnegie Medal and the Guardian Children's Fiction Award, and was named Children's Book of the Year at the British Book Awards.
- *The Amber Spyglass* won not just the children's section at the Whitbread Book Awards but also the overall, main prize – the Whitbread Book of the Year (2001). It was the first children's story ever to beat all the books for adults.

The Carnegie Medal is one of the top awards for children's writers.

FIND OUT MORE...

Philip thinks that stories are crucially important. He says: "they entertain and teach; they help us both enjoy life and endure it. After nourishment, shelter and companionship, stories are the thing we need most in the world."

Here Philip is giving a speech to accept the Whitbread Book of the Year award.

Special honours

In 2002, the book publishing world gave Philip a prize called the Eleanor Farjeon Award. This was because his stories had changed the opinion of many people who had previously thought that children's books were second-rate writing compared to books for adults.

In 2004, the Queen honoured Philip by making him a Commander of the Order of the British Empire. He now has letters after his name, and his full title is Philip Pullman CBE. Philip went to Buckingham Palace to receive his CBE medal from the Queen herself.

In 2005, Philip won the Astrid Lindgren Memorial Award. This is the world's largest award for writers and illustrators of books for young people, and was awarded to Philip for the whole of his work rather than one individual book.

Cause for controversy

No one can deny that Philip has outstanding storytelling skills. However, his ideas have caused a commotion. *His Dark Materials* created a scandal among many Christians worldwide, because the story goes against their religious beliefs and the authority of the Church. Philip does not think there is any proof that God exists. He thinks that throughout history, people have often used **organized religion** as an excuse to do cruel and unjust things.

However, Philip is not simply an "anti-Christian writer" as some people have claimed. In the "Sally Lockhart" novels, Philip also paints other social institutions as dishonourable and unhelpful. Philip says that his stories are just that: tales – full of imagination and ideas. He does not write them to put across arguments or as **propaganda** designed to change people's opinions.

Philip had a debate with the Archbishop of Canterbury about God and religion.

The National Theatre production of *His Dark Materials* brought the story and characters to life.

On stage and screen

How to be Cool and *I Was A Rat!* have been acted on television. *His Dark Materials* has also been read on radio, performed as a play at the National Theatre in London, and made into films for television and the big screen. Other professional writers work on these fantastic adaptations, because Philip is always too busy writing his next book.

HAVE A GO

How would you turn one of Philip's stories into a play?

- Break up your action and dialogue into scenes in different settings.
- You could work in order from the beginning to the end, or include "flashback" scenes to show the past.
- Your characters might occasionally talk to the audience, or you could use a **narrator**.
- Give instructions to tell the actors how to speak and move.
- Think about special effects, stunts, and music.

Views in the news

When you are a famous author like Philip, people called critics write their opinions of your work for newspapers and magazines. These are known as book reviews, and they help readers decide whether to spend their time and money on a story or not. Here's an example of a review for *Spring-Heeled Jack*, with some notes on how the critic has put it together. Would it encourage you to read the book?

If you could go back in time and ask any Victorian who they think is the greatest crime-fighter of all time, they'd scoff at Superman … they'd sniff at Batman … they'd say: Spring-heeled Jack! But can the superhero combat supervillain Mack the Knife? You'll find out in this escapade, which tells of three children trying to escape from a terrible fate at an orphanage.

a little about the story without giving too much away

Philip Pullman is the author of the best-selling, Carnegie-medal winning trilogy *His Dark Materials*. He is a master of stories set in the murky back streets of old London town, such as the "Sally Lockhart" novels and the "New Cut Gang" stories. *Spring-Heeled Jack* has all the entertaining elements of Victorian melodrama: brave heroes and heroines, love-to-hate villains, bumbling policemen – and more twists and turns and cliff-hangers in the plot than a rollercoaster!

some background information about the author

comparision with other works

the critic's opinion on whether it is a good or bad read, with clear reasons

Spring-Heeled Jack is a fantastic adventure told not only in words but also in cartoons, making it hugely enjoyable for readers of eight and over.

a recommendation of who the critic thinks will like the book

Why not try writing your own review of a Philip Pullman book? You could give it to a friend who does not know the story and see if they go on to read it. Ask them to write a review back, recommending one of their own favourite reads to you. You might discover a great new book, poem, or writer...

Pieces of praise

Here are some critics' opinions about Philip and his work:

"Philip Pullman, one of the supreme literary dreamers and magicians of our time."

The Guardian

"Philip Pullman. Is he the best storyteller ever?"

The Observer

"Philip Pullman, capable of lighting up the dullest day or greyest spirit with the incandescence of his imagination."

Nicholas Tucker in The Independent

On *His Dark Materials*:

"A genuine masterpiece of intelligent, imaginative storytelling..."

The Mail on Sunday

On *His Dark Materials*: "...should please all ages from eight to eighty."

Top author, Nina Bawden

"*His Dark Materials* stands revealed as one of the most important children's books of our time."

The Daily Telegraph

LONG LIVE PHILIP PULLMAN!

If you would like to find out more about Philip and his work, he often gives talks at bookshops and at literary festivals. He has been the subject of television programmes, such as *The World of Philip Pullman* in 2002 and the *South Bank Show* in 2003, and a guest on radio programmes such as *Desert Island Discs*.

Philip's future plans

Philip has already written a huge variety of books, so it will be fascinating to see what he writes in the future. He will almost certainly create new books based on *His Dark Materials*, and he says that he has plenty more Sally Lockhart stories in his head. One thing is for sure: Philip will continue writing for as long as he is able. He has said that if storytelling suddenly became a crime, he would break the law without a moment's hesitation!

Philip has signed thousands of books for his fans around the world.

Writing in focus

Philip has millions of fans worldwide. Here is what some of them think about him and his work:

"I love Sally Lockhart. I wish I could meet her!"

Emma, aged eleven, from Edinburgh

"Philip Pullman villains are wickedly wicked!"

Owen, aged ten, from Cardiff

"If I could only ever read three books again for the rest of my life, I'd choose the His Dark Materials trilogy."

Claire, aged twelve, from Cornwall

PHILIP'S WISH LIST

Hopes... Philip can never seem to draw or paint people's faces as he wants them. He hopes he will be able to crack this special skill one day.

Dreams... When Philip was young, he dreamed of being an author. He is delighted that his dream has come true.

Ambitions... Philip has an ambition to write and illustrate a picture book all by himself. Other than that, he just wants to keep doing what he is doing, for as long as possible – lucky for us!

TIMELINE

1946 Philip is born on October 19.

1954 Philip's father is killed in Africa. The family return to England.

1955 Philip's mother remarries and the family move to Australia.

1957 Philip's family move to Llanbedr, North Wales.

1964 Philip studies English at Exeter College, Oxford University.

1968 Philip starts writing novels while doing different jobs in London.

1970 Philip gets married to Jude.

1971 Philip studies in Weymouth for a teaching certificate.

1972 Philip and Jude settle in Oxford, where they have two sons. Philip begins teaching English to middle-school children. *The Haunted Storm*, a thriller for adults, is published.

1978 Philip has an ancient history book published, and also a science-fiction novel for adults called *Galatea*. He begins creating exciting, adventure-filled school plays.

1982 One of Philip's school plays, *Count Karlstein*, is published as a story.

1985 *The Ruby in the Smoke* is published.

1986 *The Shadow in the North* is published.

1987 *How To Be Cool* is published.

1988 Philip starts teaching part-time at Westminster College, Oxford. Philip begins writing plays for the Polka Children's Theatre. *The Ruby in the Smoke* wins the International Reading Association Children's Book Award.

1989 *Spring-Heeled Jack* is published.

1990 *The Tiger in the Well*, *The Broken Bridge*, and a play adaptation of *Frankenstein* are published.

1992 *The White Mercedes* (later retitled *The Butterfly Tattoo*) and *Sherlock Holmes: A Play* are published.

1993 Philip begins work on the books which will become *His Dark Materials*.

1993 *The Wonderful Story of Aladdin and the Enchanted Lamp* is published.

1994 *The Tin Princess* and *Thunderbolt's Waxwork* are published.

1995 *Northern Lights* and *The Firework-Maker's Daughter* are published (in the United States, *Northern Lights* is titled *The Golden Compass*).

1996 Philip gives up teaching.
Clockwork is published.
Northern Lights wins the Guardian Children's Fiction Award and the Carnegie Medal and is named as the Children's Book of the Year at the British Book Awards.
The Firework-Maker's Daughter wins a Gold Medal at the Smarties Book Awards.

1997 *The Subtle Knife* is published.
Clockwork wins a Silver Medal at the Smarties Book Awards and is shortlisted for the Carnegie Medal and the Whitbread Children's Book Award.

1998 *The Gas Fitter's Ball* and *Mossycoat* are published.

1999 *I Was a Rat!* is published.

2000 *The Amber Spyglass* and *Puss in Boots* are published.

2001 *The Amber Spyglass* wins the Whitbread Book of the Year
A play called *Sherlock Holmes and the Limehouse horror* is published.

2002 Philip wins the Eleanor Farjeon Award.

2003 *Lyra's Oxford* is published.

2004 The Queen awards Philip a CBE.
The Scarecrow and His Servant is published.

2005 Philip is awarded the Astrid Lindgren Memorial Award – the world's largest award for writers of books for young people.

FURTHER RESOURCES

More books to read

Darkness Visible: Inside the World of Philip Pullman, Nicholas Tucker (Wizard Books 2003)

Philip Pullman's His Dark Materials Trilogy: A Reader's Guide, Claire Squires (Continuum, 2003)

The Science of Philip Pullman's His Dark Materials, John and Mary Gribbin (Hodder Children's Books, 2004)

Audiobooks

Versions of many of Philip's stories are also available as audiobooks on CD and cassette, including:

His Dark Materials Trilogy: BBC Radio 4 (Full-cast Dramatization), (BBC Audiobooks, 2003)

Lyra's Oxford (Random House Children's Books Audio CD, 2003)

Websites

Philip's own personal website:
www.philip-pullman.com

Unofficial website dedicated to the *His Dark Materials* trilogy:
www.hisdarkmaterials.org

A site all about books for young people:
www.booktrusted.co.uk

Disclaimer

All the internet addresses (URLs) given in this book were valid at the time of going to press. However, due to the dynamic nature of the Internet, some addresses may have changed, or sites may have ceased to exist since publication. While the author and publishers regret any inconvenience this may cause readers, no responsibility for any such changes can be accepted by either the author or the publishers.

GLOSSARY

adolescence   time when people change from a child into an adult

ancient civilizations   societies of people who lived many years ago, such as the Romans and Greeks

apprentice   person learning a trade from a skilled worker

civilian   regular member of the public

clergyman   someone who is a minister for the Christian church

contemporary   modern in style

dialogue   speech or conversation

familiar   spirit of a person in animal form

fiancé   male who is engaged to be married

gothic horror   form of story based on horror and mystery

graphic novel   type of book where the story is told in pictures

intrigue   mysterious events that are difficult to figure out

lodgings   place someone lives in but does not own

longhand   writing on paper with a pen or pencil rather than typing

macabre   gruesome, ghastly, grim

melodrama   story and play form where a hero or heroine struggles against larger-than-life villains

myth   traditional story from early history, typically about gods, goddesses, spirits, and heroes

mythic   relating to stories about the believed history of gods, godesses, spirits, and heroes

narrative form   method of telling a story

narrator   person who tells a story

organized religion   large system of faith such as Islam, Christianity, Judaism, Sikhism, Hinduism

propaganda   information designed specifically to change people's opinions in a certain way

realism   relating to real-life events

rectory   house where a rector lives. A rector is a particular type of clergyman.

scholarship   prize given to a student to help them pay for a course of study

science fiction   story based on real science and technology but with made-up elements, often set in a different time or place

shortlist   final list of candidates for an award, from which the winner is selected

taverner   historical term for a person who runs a tavern (public house)

theme   idea explored in detail by an author

trilogy   series of three things which are related, for example stories using the same characters